어린이 외교관
미국에 가다

어린이 외교관 미국에 가다

초판 1쇄 펴냄 2011년 2월 14일
　　20쇄 펴냄 2018년 11월 15일

지은이 손세호
그린이 황유리
펴낸이 고영은 박미숙

펴낸곳 뜨인돌출판(주) | 출판등록 1994.10.11.(제406-251002011000185호)
주소 10881 경기도 파주시 회동길 337-9
홈페이지 www.ddstone.com | 블로그 blog.naver.com/ddstone1994
페이스북 www.facebook.com/ddstone1994 | 노빈손 www.nobinson.com
대표전화 02-337-5252 | 팩스 031-947-5868

ⓒ 2011 손세호

ISBN 978-89-93963-32-8　73910
CIP2011000191

본문에 실린 사진은 나경택, 박찬걸, 성언영, Gary Hershorn, Apavlo, Finlay Mcwalter, Rolf Müller, 위키피디아, 연합뉴스, 한국이민사박물관의 도움을 받았습니다.
허락을 받지 못한 사진의 경우 연락을 주시면 신속히 해결하겠습니다.

어린이제품안전특별법에 의한 제품표시		
제조자명 뜨인돌어린이	**제조국명** 대한민국	**사용연령** 만 8세 이상

글 손세호
그림 황유리

어린이 외교관 미국에 가다

뜨인돌어린이

나는 미국에 대해 얼마나 알고 있을까?

☑ 다음을 읽고 해당하는 것에 체크해 보세요.

☐ 햄버거와 콜라가 미국 음식이라는 걸 알고 있다.

☐ 현재 미국 대통령의 이름을 알고 있다.

☐ 콜럼버스가 아메리카 대륙을 발견했다는 걸 알고 있다.

☐ 미국인 친구를 사귀어 보고 싶다.

☐ 미국 하면 떠오르는 게 있다.

☐ 하버드대학교를 비롯한 미국의 유명한 대학교 이름을 두 개 이상 알고 있다.

☐ 아이폰을 개발한 스티브 잡스에 대한 뉴스나 기사를 관심 있게 본 적이 있다.

☐ 미국의 수도를 알고 있다.

☐ 시카고, 샌프란시스코가 미국 도시라는 것을 알고 있다.

☐ 디즈니랜드가 미국에서 생겼다는 것을 알고 있다.

☐ 미국의 드라마나 영화를 본 적이 있다.

☐ 미국과 관련된 내용으로 인터넷 검색을 해 본 적이 있다.

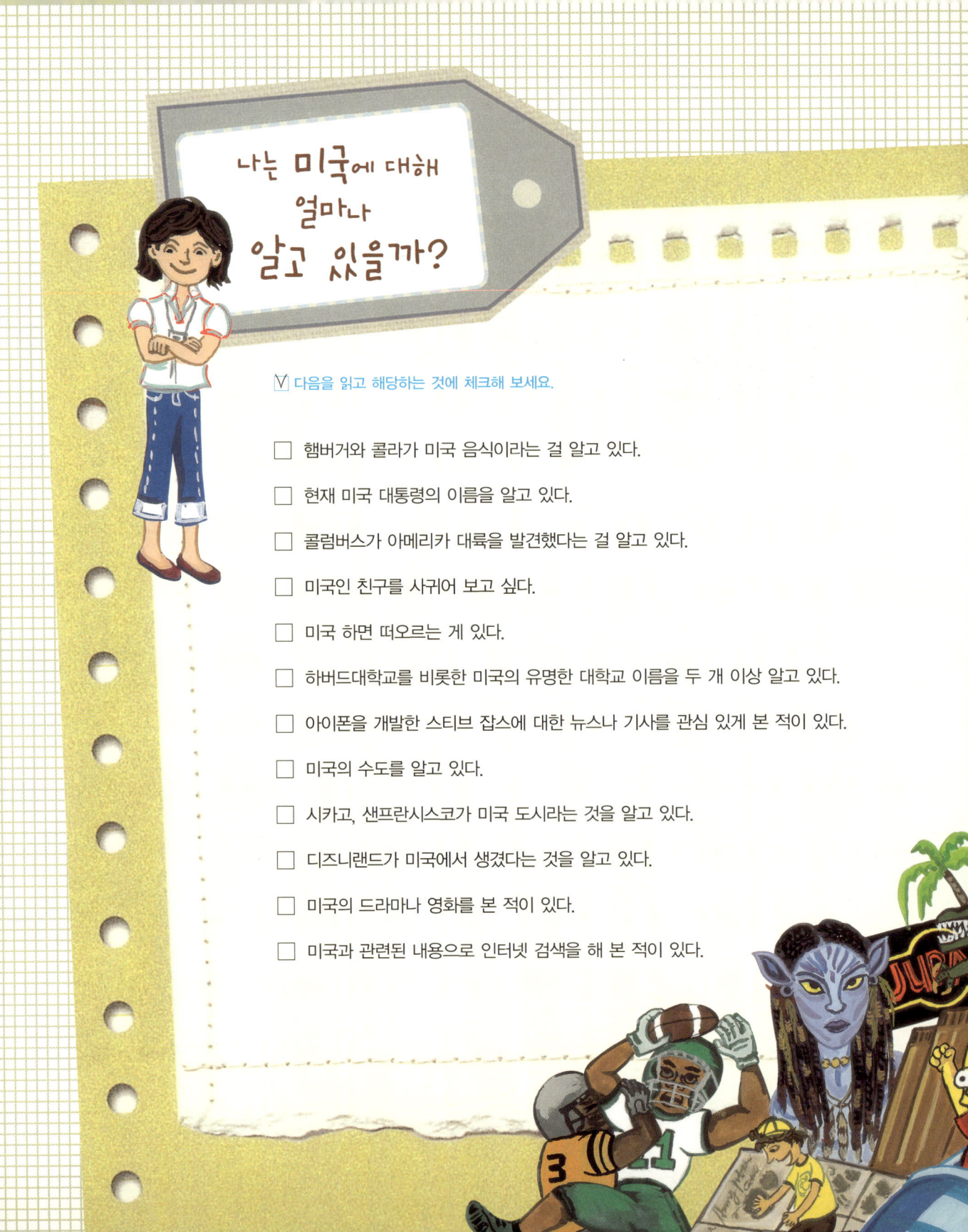

- ☐ 미국 대통령이 머무는 곳이 백악관이라는 걸 알고 있다.
- ☐ 미국이 세계 1위의 경제 국가라는 것을 알고 있다.
- ☐ 미국의 역사가 우리보다 짧다는 걸 알고 있다.
- ☐ 미국 애니메이션을 본 적이 있다.
- ☐ 6·25전쟁 때 미국이 우리나라를 도와주었다는 것을 알고 있다.
- ☐ 세계 지도에서 미국이 어디쯤에 있는지 알고 있다.
- ☐ 비폭력 운동을 한 흑인 인권 운동가가 누구인지 알고 있다.
- ☐ 미국 영토에는 원래 인디언들이 살고 있었다는 것을 알고 있다.
- ☐ 할리우드가 미국에 있다는 걸 알고 있다.
- ☐ 미국에 한번 가 보고 싶다.

1~6개
나는 미국을 아직 몰라
아직은 미국에 특별한 관심이 없구나. 하지만 괜찮아. 지금부터 알아 가면 되니까! 이 책을 덮는 순간 어린이 미국 외교관이 되어 있을 거야!

7~15개
미국에 관심은 좀 있지?
어느 정도 미국을 알고, 호기심도 가지고 있네. 그 기본기를 바탕으로 좀 더 실력을 키워 볼까? 머지 않았어. 미국 외교관이 되는 길!

16~22개
준비된 외교관 같아!
미국에 대해 관심도 많고 아는 것도 많은 친구. 넌 이미 미국 외교관이 될 자질이 충분해. 자, 어린이 외교관! 지금부터 떠나 볼까?

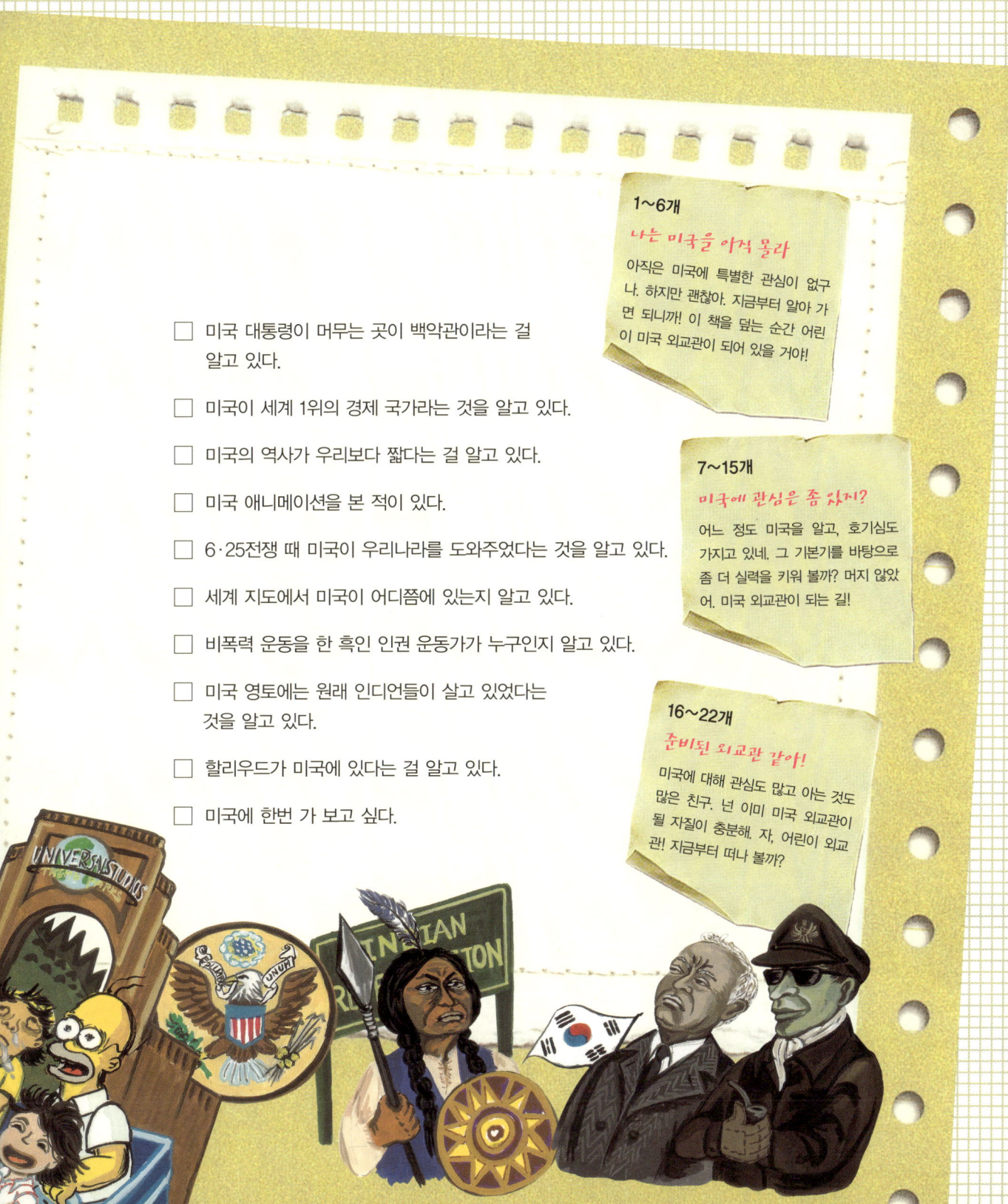

| 지은이의 말 |

우리는 미국을 어떻게 봐야 할까?

아마 미국에 가 보지 않은 사람들도 영어, 할리우드, 디즈니랜드, 그랜드캐니언, 하버드대학교, 햄버거, 콜라 등으로 미국에 대해 조금은 알고 있을 거야. 여러분이 익숙하게 알고 있는 미국은 우리에게 어떤 나라일까?

할아버지 할머니들에게는 우리나라가 6·25전쟁을 겪고 있었을 때 도와준 고마운 나라로 기억될 거야. 6·25전쟁 당시 북한의 침입에 맞서 함께 싸웠고, 전쟁 후에는 헐벗고 굶주린 우리나라 사람들에게 입을 것과 먹을 것을 보내 주었거든. 지금도 혹시 모를 북한의 위협에 대비해 미군은 우리나라에 군대를 배치해 두고 있어.

그래서 전쟁을 겪은 할아버지 할머니들은 미국을 형제와 같은 나라라고 부르며 좋아하고 고마워하기도 해.

반면 여러분 부모님에게는 자기 나라의 이익을 꾀하려는 이기적인 나라로

보였을 거야. 우리나라가 6·25전쟁을 겪고 나라 경제가 어려워 수출만이 살 길이었을 때 미국은 수출 국가로써 우리나라가 성장할 수 있는 발판이 되기도 했어.

그러나 점차 우리나라 경제가 발전하자 미국은 자국의 이익만을 쫓는 이기적인 모습을 보였지. 뿐만 아니라 '효순이와 미선이 사건'처럼 미국이 잘못한 여러 사건들에서도 뒤늦게 사과하는 무례한 태도를 보이기도 했어. 이렇게 세대를 거치면서 미국에 대한 사람들의 생각이 달라졌어.

미국은 220여 년이 넘은 짧은 역사 속에서 세계 강대국이자 정치, 경제, 외교, 군사, 문화, 교육의 중심지로 우뚝 섰어.

여러분은 미국에 대해서 얼마나 알고 있을까? 우리나라에 미국은 어떤 나라일까? 짧은 역사 속에서 미국은 어떻게 세계 최강이 되었을까?

외교관이 되고자 하는 어린이나 세계를 무대로 꿈꾸는 어린이들은 미국이라는 나라를 살펴보면 많은 도움이 될 거야. 미국에 관심 없는 아이들도 대한민국의 성숙한 어른이 되기 위해서 미국은 꼭 한번 살펴봐야 할 나라이지.

그럼, 우리 역사 속에서 떼려야 뗄 수 없는 미국을 차근차근 들여다보고 하나씩 알아보기로 해.

손세호

외교관이 되고 싶어요

외교관은 무슨 일을 할까?

19세기까지는 전쟁이 국가 간의 문제를 해결하는 중요한 수단이었어. 하지만 제2차 세계대전 이후 세계가 참담한 피해를 입었고, 그 후 전쟁보다는 대화와 이해로 국가 간의 문제를 풀어 가게 되었어. 그러면서 외교관의 역할은 더욱 다양하고 중요해졌어.

외교관은 외교를 수단으로 자국의 안전과 이익을 위해 일하는 국가공무원이야.

자국을 위해 다른 나라와 좋은 관계를 유지하고, 전쟁이 일어났을 때 군사력보다는 비군사적인 방법으로 전쟁을 방지하고 평화를 유지하는 사도라 할 수 있지.

외교관은 다른 나라에 머물면서 우리나라와의 외교 정책을 수립하기도 하고, 수시로 파견을 나가서 외교 활동을 벌이기도 해.

두 나라 간의 공통 관심사와 정책에 대한 우리 정부의 견해를 전하고, 그 나라에 정치·경제적으로 커다란 변화가 생기면 즉시 우리 정부에 보고하지. 그 밖에도 외교관은 세계 속에서 우리나라가 발전할 수 있도록 다양한 노력을 한단다.

외교관이 되려면 어떻게 해야 할까?

외교관이 되려면 5등급공개경쟁시험을 보거나 특별 채용에 뽑혀야 해. 이 시험은 나이가 스무 살 이상이어야 하며, 학력 제한은 없어.

공개시험은 1년에 1회 시행되며 총 3차 시험으로 이루어지는데, 이 방법은 2013년 상반기까지만 실시되고, 하반기부터는 3차에 걸친 외교관 후보자 선발 시험을 치러야 해. 선발 시험을 통해 외교관 임용 예정 인원의 1.5배수 이내에서 선발된 사람은 국립외교원에 입교해 1년간 공부를 해야 해. 이 과정을 마치고 최종 평가를 통과하면 5등급 외교관에 임용된단다.

특별 채용은 특수 분야 및 특수 언어를 전공하거나 경력을 쌓은 사람을 비정기적으로 채용해.

외교관은 자국의 이익을 위해 외국과 우호적인 관계를 만들어야 하므로, 외국 사람들과 의사소통을 잘해야 해. 각종 국제회의장이나 회담에서 상대국의 외교관과 부딪치는 일이 많기 때문이지. 그리고 항상 자기 나라의 이익을 염두에 두고 일을 진행해야 하므로 애국심이 필요하며, 정치·경제·사회·문화 등 각 분야에 대한 상식이 풍부하고 교양을 갖춰야 해. 그 외에도 국제 매너와 모범적인 생활 자세를 갖춰야 한단다.

주미 한국대사관의 역할

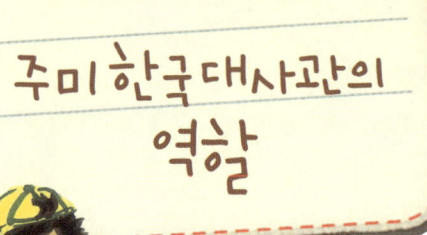

우리나라는 2012년 현재 세계 각국에 112개의 대사관과 42개의 총영사관 그리고 5개의 대표부 등 총 159개의 재외 공관을 두고 있어.

제2차 세계대전 당시 우리나라는 일본의 식민지였는데 미국이 일본에 원자폭탄을 투하해 일본의 항복을 받아 냈지. 이후 우리나라는 일본의 지배에서 벗어나 광복을 맞았어. 그리고 미국의 도움을 받아 1948년 대한민국 정부를 수립하면서, 1949년 처음으로 미국에 주미한국대사관을 만들었어.

이후 뉴욕, 보스턴, 시카고, 애틀랜타, 휴스턴, 로스앤젤레스, 샌프란시스코, 시애틀, 호놀룰루에 총영사관을 두면서 미국과 활발한 관계를 맺어 왔지. 이 중에서 미국의 수도 워싱턴 D.C.에 있는 주미한국대사관은 우리나라가 세계 각국에 두고 있는 대사관 중에서 매우 중요한 위치를 차지해.

미국은 우리나라 현대사에 상당 부분 영향을 미쳤고, 남과 북으로 갈라진 한반도의 정세에도 큰 영향력을 가지고 있기 때문이야. 뿐만 아니라 미국은

오늘날 세계 강대국으로서 세계 외교의 중심지야. 그래서 우리나라 사람과 기업이 제일 많이 진출해 있기도 하지.

주미한국대사관의 중요한 역할은 미국에 있는 우리나라 국민을 보호하는 일이야. 대표적인 예로 9·11테러가 발생했을 때 미국에 있는 재외공관들은 비상근무를 하면서 한국 기업과 교민들의 안전 보호에 힘썼어.

휴대 전화를 로밍해서 미국에 가면 '위급 상황시 주미한국영사관 콜센터로 전화하라'는 문자가 뜨면서 낯선 곳에 있는 우리의 마음을 안심시키지.

또 북한 핵무기, 아프가니스탄전쟁 같은 외교 문제들에 대한 한국의 입장을 미국에 전하고, 미국과 무역 협정을 할 때 정보를 지원하고 정책을 제안하기도 해. 그 밖에 한국의 우수한 전통 문화와 현대 문화를 해외에 널리 알리고 있단다.

주미한국대사관 www.koreaembassyusa.org
주로스앤젤레스총영사관 http://usa-losangeles.mofat.go.kr

| 차례 |

나는 미국에 대해 얼마나 알고 있을까? ★ 4
우리는 미국을 어떻게 봐야 할까? ★ 6
외교관이 되고 싶어요 ★ 8
주미한국대사관의 역할 ★ 10
미국의 50주 ★ 12

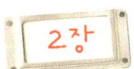

미국은 어떻게 태어나고 발전했을까?

아메리카 인디언과 유럽인의 만남 ★★★ 18
영국의 지배를 받았던 미국 영토 ★★★ 21
미국이라는 이름으로 ★★★ 23
서부 개척과 피비린내 나는 남북전쟁 ★★★ 26
20세기, 강대국으로 발돋움하다 ★★★ 30
21세기의 미국 ★★★ 37

2장

미국은 어떤 나라일까?

미국의 뼈대가 되는 헌법 ★★★ 42
세계에서 세 번째로 영토가 넓은 나라 ★★★ 45
다양한 자연 풍경이 있는 곳 ★★★ 48
다문화 다인종의 나라 ★★★ 56
민주주의를 만든 나라 ★★★ 59
모든 사람이 나면서부터 평등한 나라 ★★★ 62
미국의 수도 워싱턴 D.C. ★★★ 64
전 세계 공통어가 된 영어 ★★★ 67

3장

미국 사람들은 어떻게 살아갈까?

잔디밭 위 나의 집 ★★★ 74
개인의 삶을 우선시하는 미국 사람들 ★★★ 78
자동차 없이는 못살아 ★★★ 80
미국 사람들의 식탁에는 ★★★ 82
스포츠를 좋아하는 나라 ★★★ 86
미국을 만든 기독교 ★★★ 90
시간이 곧 돈인 나라 ★★★ 92
파티를 즐기는 미국 사람들 ★★★ 94
미국 사람들의 예의범절 ★★★ 97

4장

우리나라와 미국의 관계는?

우리나라와 미국의 만남 ★★★ 102
8·15해방에서 1980년대에 이르기까지 ★★★ 106
미국을 싫어하게 된 사람들 ★★★ 111
오늘날까지 이어진 북한 핵 문제 ★★★ 114
미국에 사는 한국계 미국인 ★★★ 117
영어 열풍과 미국 유학 ★★★ 122

5장

현재 미국은 어떤 모습일까?

세계 영화의 중심지 할리우드 ★★★ 126
미국을 알 수 있는 화폐 ★★★ 130
세계 1위의 군사력 ★★★ 132
세계 최대 강국인 미국 ★★★ 136
미국 아이들의 학교생활 ★★★ 140
미국의 유명한 대학교들 ★★★ 145
미국 사람들의 성과 이름 ★★★ 149
축제 같은 미국의 공휴일 ★★★ 151
풀어야 할 미국의 고민 ★★★ 157

부록
한눈에 보는 미국 역사 ★ 164

1장

미국은 어떻게 태어나고 발전했을까?

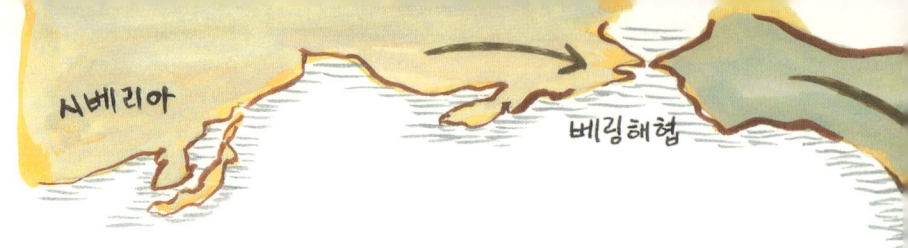

아메리카 인디언과 유럽인의 만남

원래 아메리카 대륙에는 아무도 살지 않았어. 아메리카 인디언이 살았다고들 알고 있지만 인디언들도 2만~3만 5000년 전쯤에 아시아의 시베리아에서 넘어온 사람들이야. 시베리아와 아메리카 대륙이 그때는 육지로 이어져 있었거든.

인디언들은 아메리카 땅으로 건너온 후 살기 좋은 곳을 찾아 점점 남쪽으로 내려갔어. 그러다 보니 기원전 8000년쯤에는 아메리카 대륙 어디에서나 인디언들을 볼 수 있었어.

인디언 부족들은 주로 사냥을 하고, 물고기를 잡고, 나무 열매 등을 따 먹으며 지냈지만 일부 농사를 짓는 부족들도 있었어. 인디언 부족들은 다양한 방식으로 생활하면서 북아메리카와 남아메리카의 연결 고리인 중앙아메리카(현재 멕시코, 과테말라 등이 있다.)를 중심으로 찬란한 문명을 만들었어. 바로 마야 문명, 잉카 문명, 아즈텍 문명을 말이야.

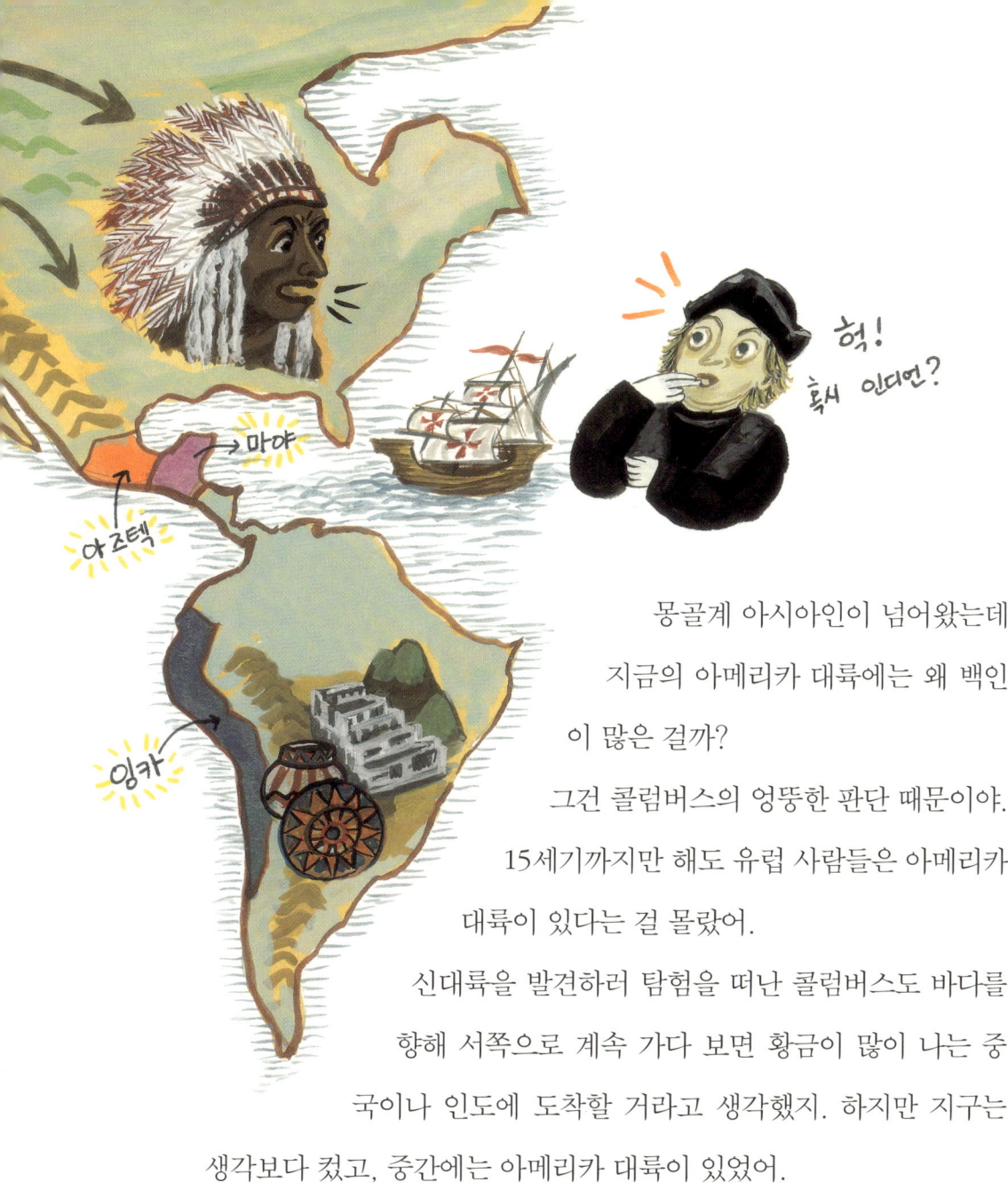

몽골계 아시아인이 넘어왔는데 지금의 아메리카 대륙에는 왜 백인이 많은 걸까?

그건 콜럼버스의 엉뚱한 판단 때문이야. 15세기까지만 해도 유럽 사람들은 아메리카 대륙이 있다는 걸 몰랐어.

신대륙을 발견하러 탐험을 떠난 콜럼버스도 바다를 향해 서쪽으로 계속 가다 보면 황금이 많이 나는 중국이나 인도에 도착할 거라고 생각했지. 하지만 지구는 생각보다 컸고, 중간에는 아메리카 대륙이 있었어.

아메리카 대륙에 도착한 콜럼버스는 자신이 인도에 닿았다고 착각하고는 원주민들을 '인도 사람'이라는 뜻으로 인디언이라고 불렀어. 그런 이유로 오늘날까지 사람들이 인디언이라 부르게 된 거란다.

콜럼버스는 신대륙 아메리카에서 황금을 발견했어. 콜럼버스가 금을 가져오자 콜럼버스의 후원자였던 스페인 왕실은 아메리카 대륙 탐험에 적극 나섰어. 자원과 보물이 많은 중앙아메리카를 차지하겠다는 야심을 갖고 말이야.

그 결과 인디언들이 이루었던 아즈텍 문명과 잉카 문명은 스페인 정복자들에게 파괴되고, 유럽에서 퍼진 전염병으로 아메리카의 인디언들이 죽기도 했어. 반대로 인디언에게 옮은 전염병으로 유럽 사람들이 고생하기도 했지.

아메리카와 유럽의 만남에 나쁜 일만 있었던 것은 아니야. 원주민과 유럽 사람들은 서로 물건을 교환했어. 아메리카 대륙의 맛 좋은 옥수수, 감자 등 각종 농산물이 유럽에 전해져 흉작으로 먹을거리가 부족했던 유럽 사람들은 오랜만에 배를 채울 수 있었지. 식량이 해결되자 유럽의 인구는 빠르게 늘어났어. 인디언들도 소, 돼지, 양 등 유럽의 가축이 들어오면서 식량이 풍부해졌고, 말이나 당나귀는 인디언들의 운송 수단으로써 아주 좋은 역할을 했단다.

영국의 지배를 받았던 미국 영토

아메리카 대륙 중에서 오늘날의 미국이 된 북아메리카는 어땠을까? 북아메리카를 노린 것은 영국이었어. 영국은 북아메리카를 차지하고 금을 얻기 위해 1587년 100여 명의 사람을 오늘날 노스캐롤라이나 해안에 있는 로어노크섬에 보냈어. 그러던 중 스페인과 전쟁이 일어나는 바람에 북아메리카를 신경 쓸 여유가 없었지.

인디언과 영국인이 만난 제임스타운

3년 후 전쟁이 끝나고 와서 보니 사람들이 흔적도 없이 사라져 버렸어. 이 사건은 '사라진 식민지'라고 부르며 아직까지 수수께끼로 남아 있단다.

영국은 다시 100명 정도의 남자를 보내 버지니아에 최초의 북아메리카 식민지인 제임스타운을 세웠어. 그러나 기대했던 황금은 없었지. 그때 스페인 사람들이 식민지 남아메리카에서 담배를 생산해 유럽에 수출하는 것을 보고 정착민들도 담배를 재배하기 시작했어. 그 후 정착민들은 담배를 유럽에 수출하면서 점점 영토를 확장하고 정착해 나갔지.

북아메리카로 들어온 영국 사람 중에는 황금이 아닌 자유를 찾아서 온 청교도인들도 있었어. 당시 영국은 로마 가톨릭 교회에서 떨어져 나와 국왕을 교회의 우두머리로 하는 국교회를 설립했는데, 청교도인(국교회와 사상이 맞지 않은 사람들이 만든 교파)들이 국교회에 맞서다 많은 박해를 받았어. 그래서 1620년 메이플라워호를 타고 종교의 자유를 찾아 오늘날 미국의 뉴잉글랜드로 터를 옮겼단다.

스페인과 영국의 식민지 건설이 한창일 때 유럽의 다른 나라들도 서서히 아메리카 대륙에 관심을 가졌어. 17세기 중반에는 북아메리카에 13개의 영국 식민지가 생겨나게 되었지.

식민지에 정착한 사람들은 하버드, 예일 등 교육 기관을 만들고 도로를 건설하는 등 100여 년 동안 영국의 간섭없이 나름대로의 생활을 만들어 나갔어. 그러나 프랑스와의 전쟁으로 빚을 지자 영국은 다시 식민지에 관심을 기울이기 시작했단다.

미국이라는 이름으로

돈이 필요했던 영국은 세금법을 만들어서 북아메리카에 사는 정착민들에게 영국의 군대가 보호해 주는 식민지에 살고 있으니 세금을 내라고 요구했어. 하지만 정착민들의 생각은 달랐어.

이미 정착민들의 대표로 구성된 식민지 자치 정부에 세금을 내고 있으니 영국에는 낼 필요가 없다고 생각했지. 정착민들 스스로가 영국에서 이민 온 영국 사람이 아니라 아메리카 사람이라는 정체성을 갖기 시작했던 거야.

정착민들은 '자유의 아들회'라는 조직을 만들어 "대표 없는 곳에 세금은 없다"며 영국에 맞섰어. 자신들의 대표를 영국에 보낸 적도 없고, 영국에 대표를 보내 달라는

미국 탄생의 계기가 된 보스턴 차 사건

요청을 받은 적도 없는데 왜 영국에 세금을 내야 하냐고 물었지.

정착민들의 반대에 부딪힌 영국은 어쩔 수 없이 몇몇 세금은 취소하거나 새로운 세금법을 만들었어. 그렇게 영국과 정착민 사이의 긴장이 커지다가 마침내 '보스턴 차 사건'이 터지고 말았지.

정착민들은 영국과 유럽에서 차를 사다 마셨는데, 영국이 다른 나라와의 차 무역을 금지하고 자신들의 동인도 회사에서만 사 먹으라고 하는 거야. 이에 화가 난 정착민들은 보스턴 항구에 도착한 동인도 회사의 배에 올라타 차 상자를 바다에 내던졌어. 그러자 영국은 정착민들이 외부와 무역을 못하도록 보스턴 항구를 막아 버렸지. 또 정착민들의 의회를 1년에 한 번만 열게 하며 강하게 정착민들을 압박했어.

정착민들도 영국에 맞섰어. 13개의 식민지 대표들이 한자리에 모여 영국군과 싸우기로 결의했지. 그러다 1775년 봄, 아메리카 혁명이라 불리는 독립전쟁을 시작했어. 정착민들은 식민지가 영국으로부터 독립했음을 세계에 알리기 위해 「독립선언서」를 발표하고, 13개의 식민지도 각각 헌법을 만들어 나라를 세웠지. 독립전쟁이 끝나 갈 무렵에는 13개의 나라를 하나로 묶어 오늘날의 미국, 아메리카합중국(The United States of America)을 만들었어.

독립전쟁 초기에는 막대한 무기를 가진 영국 군에 밀렸어. 하지만 프랑스가 독립전쟁을 돕고 네덜란드와 스페인이 정착민의 편에 서서 돈을 빌려 주었어. 또 미국 초대 대통령이 된 조지 워싱턴을 비롯한 여러 장군의 탁월한 전략으로 미국은 마침내 독립전쟁에서 승리할 수 있었단다.

서부 개척과 피비린내 나는 남북전쟁

초기 미국 영토는 지금의 반에 반도 되지 않았어. 그러나 미국은 19세기 초 프랑스에 돈을 주고 루이지애나 땅을 사고, 멕시코와의 전쟁으로 오늘날 미국의 남서부 지역을 차지하면서 서부로 영토를 넓혀 나갔어. 그러면서 원래 살고 있던 인디언들과 부딪쳐야 했지.

처음에 인디언들은 미국 정부와 조약을 맺고 자신들의 땅을 내주기도 했어. 그러나 미국이 조약을 무시하고 자꾸 자신들의 영토를 침범하자 그들과 맞서 싸웠어. 하지만 미국의 우세한 무기에 밀려 인디언 보호 구역으로 쫓겨났단다.

미국은 19세기 내내 서부로 진출해 오늘의 미국을 이루었어. 서부 개척을 신이 주신 사명이라고 생각한 미국 사람들은 포장마차를 타고 서부로 가는 먼 길을 떠났지. 서쪽 캘리포니아에 엄청난 금이 있다는 소문을 듣고 모두들 그리로 몰려들었던 거야.

그러는 과정에서 도로, 운하, 철도가 만들어져 물자의 운송이 한결 빨라졌어. 또한 공장과 회사들이 생기고 산업과 경제도 발달하기 시작했지. 그런데 이런 발전이 미국 전체에서 일어난 것은 아니야.

철도와 공장은 북동부와 대서양 중부에 집중되었고, 남부는 여전히

농업으로 먹고살았지. 그러다 보니 북부와 남부의 환경이 많이 달라지기 시작했어.

북부는 노동자 중심의 산업이 발전하는 반면, 남부는 노예를 부리는 대농장 사회가 형성됐지. 남부의 대농장에서는 담배, 쌀, 사탕수수, 목화 들을 재배할 노예들이 필요했거든. 흑인 노예들은 인간이 아니라 가축처럼 죽을 때까지 온종일 일하고, 사고 팔리면서 가족과 뿔뿔이 헤어지기도 했어.

그러다 캔자스와 네브래스카 지역이 주(State, 자치권을 가진 행정 구역)가 될 수 있는 자격을 가지면서 갈등이 생겼어. 노예 제도가 있는 노예주, 노예 제도가 없는 자유주를 두고 남부와 북부가 마찰을 빚었지. 남부는 노예 제도를 지키려 했고, 북부는 노예 해방을 주장했거든. 결국 남부는 노예 제도의 유지를 위해 미연방(미국)에서 탈퇴하겠다고 했어.

당시의 대통령인 에이브러햄 링컨(제16대 대통령)은 노예제 폐지를 찬성하지는 않았지만, 미국이 분열되는 것을 막아야 한다고 생각했어. 그래서 남부가 미연방을 탈퇴한다면 군대를 동원해서라도 막겠다는 입장이었지.

하지만 결국 남부의 11개 주가 미연방에서 탈퇴해 남부연합이라는 국가를 만들었어. 그리고 1861년에 북부와 전쟁을 벌였어. 이것이 미국 역사상 가장 많은 사상자를 낸 4년 동안의 내전, 남북전쟁이야. 남북전쟁은 북부연방이 승리했고, 링컨 대통령은 노예 해방령을 내렸어. 마침내 흑인 노예제는 미국에서 폐지되었지.

한동안 흑인들은 자유를 누리는 듯했지만 이름뿐인 노예제 폐지였어.

백인 농장주들은 여러 가지 방법을 동원해 다시 흑인을 노예처럼 부렸고, 전쟁으로 황폐해진 땅에서 당장에 먹고살 게 없었던 흑인들은 다시 노예 생활을 할 수밖에 없었어. 그래서 노예제는 사라졌지만 흑인에 대한 인종 차별은 계속되었단다.

20세기, **강대국**으로 발돋움하다

미국은 남북전쟁으로 잠시 침체되었지만 기술이 발달한 북부의 승리로 19세기 후반~20세기 초에 눈부신 발전을 했어. 전화, 전기, 강철, 석유, 자동차, 비행기, 농기계 등 다양한 발명과 기술 개발로 산업은 꽃을 피웠지.

빛이 있으면 어둠이 있기 마련이야. 산업이 발전하자 공장은 많은 노동력을 필요로 했고, 노동자들은 힘들어진 노동 환경에서 적은 임금으로 일을 해야 했지. 특히 이민자, 여성, 어린 노동자의 삶은 훨씬 힘들었고 말이야.

노동자들은 더 나은 작업 환경을 위해 노동조합을 만들어 기업의 횡포를 막아 보려 했지만 막강한 기업에 비해 힘이 약했어.

　이렇게 산업화와 도시화가 이루어지는 가운데 20세기는 미국의 세기라고 할 정도로 크게 성장했어. 강대국이 된 미국은 정치, 경제, 문화, 사회적으로 전 세계에 영향을 끼쳤어.

　미국은 아메리카 대륙에만 머물지 않고 아시아에도 눈을 돌렸어. 필리핀을 식민지로 만들고 중국과 무역을 하는 등 아시아에 세력을 뻗었지.

　그러던 중 유럽에서 영국·프랑스가 주축이 된 연합국과 독일·오스트리아가 주축이 된 동맹국이 아프리카를 차지하기 위해 전쟁을 일으켰어. 제1차 세계대전이 일어난 거야.

　처음에 미국은 어느 편도 아닌 중립을 지킨다고 하면서 은근히 물품과 돈을 빌려 주며 연합국을 도왔어. 그러다 독일이 영국 선박을 공격했는데, 그 배에 탔던 미국 사람 100여 명이 목숨을 잃었지.

　이 일을 계기로 우드로 윌슨 대통령(제28대 대통령)은 '세계의 민주주의를 구하기 위해서'라는 구호를 내걸고 연합국 편에 서서 제1차 세계계대전에 참전했어.

　미국의 참전은 연합국이 승리하는 데 도움을 주었고, 전쟁으로 큰 피해를 입은 유럽 국가와는 달리 뒤늦게 참가한 미국은 별 피해 없이 승리를 얻었어.

　제1차 세계대전 이후 미국은 또 한 번 전성기를 맞게 돼. 대량 생산을 바탕으로 대량 소비와 자동차, 영화, 재즈 음악을 비롯한 대중문화의 시대를 연 거야.

사람들은 미국의 번영이 계속될 거라고 믿고 돈을 빌려서 주식 투자를 했어. 그래서 실제 가치보다 더 높게 주가가 올라갔고, 농업과 산업은 대량화의 영향으로 과잉 생산이 이루어졌지. 그러다 1929년 미국의 금융 중심가인 월스트리트 주식 시장의 주가가 하루아침에 폭락하면서 미국은 경제 대공황을 맞았어.

대공황으로 인해 공장의 생산이 크게 줄어들고 회사들이 속속 문을 닫으면서 수많은 실업자가 생겨났어.

프랭클린 루스벨트 대통령(제32대 대통령)은 대공황을 극복하기 위해 뉴딜정책*을 펼쳤어. 뉴딜정책으로 미국 경제는 조금 나아지는 듯했지만 또다시 제2차 세계대전이 터지고 말았지.

제2차 세계대전은 독일의 히틀러가 이탈리아의 독재 정치가 무솔리니와 손잡고 유럽과 아프리카를 차지해 세계를 지배하려는 욕심에서 시작되었어. 독일, 이탈리아와 동맹을

뉴딜정책 루스벨트 대통령이 어려움에 처한 미국 사람들을 위해 '새 판(New Deal)을 짤 것'이라고 한 말에서 비롯된 정책. 정부의 기능과 대통령의 권한을 확대하면서 구제, 부흥, 개혁을 목적으로 정부가 적극적으로 나서서 정책을 펼쳤다.

일본에 대한 선전 포고문에 서명하는
프랭클린 루스벨트 대통령

맺은 일본도 동아시아와 태평양 일대를 차지하려고 전쟁에 끼어들었지.

미국은 제1차 세계대전처럼 제2차 세계대전도 중립을 유지했지만 영국과 프랑스가 중심이 된 연합국을 은근히 지원했어. 그러던 중 일본과 무역 문제로 마찰을 빚다가 일본이 미국 하와이 주의 진주만에 있는 미군 기지를 기습 공격하는 일이 터졌어. 진주만 공격으로 2,000명이 넘는 군인과 시민이 사망했지.

루스벨트 대통령은 "진주만을 잊지 말자!"며 일본에 대해 선전 포고를 했어. 이로써 미국도 제2차 세계대전에 참전하게 되었어.

미국은 엄청난 인적·물적 자원을 바탕으로 제2차 세계대전을 승리로 이끄는 데 결정적인 역할을 했지.

제2차 세계대전에서 연합국 편에 섰던 소련이 점령 지역을 공산주의로 만드는 과정에서 미국과 갈등이 생기고 두 나라 간의 냉전이 시작되었어.

미국과 소련의 냉전은 우리에게 한국전쟁이라는 비극을 불러왔고,

베트남전쟁 미국이 베트남의 공산주의를 막는다면서 일으킨 전쟁으로, 흑인과 중산층 이하의 사람들이 주로 베트남전에 참전했다. 1, 2차로 이어져 20년 넘게 치러진 이 전쟁에서 5만 명이 넘는 미군이 사망하고, 베트남 민간인도 200만 명이 넘게 죽자 미국 시민들의 반발을 샀다.

동남아시아에서는 베트남 문제에 미국이 간섭하는 계기가 되었지.

한국전쟁은 뒤에서 자세히 이야기할게. 미국의 베트남전쟁*은 미국이 치른 다른 전쟁들과 달리 미국 사회를 분열시켰어.

미국의 지식인과 대학생들은 베트남전쟁을

반대하는 시위를 벌였어. 그러면서 1960년대 미국 사회에서 소외됐던 흑인, 여성, 소수자의 권리가 주목 받기 시작했지.

흑인 해방 운동 지도자이자 비폭력 인권 운동가였던 마틴 루터 킹 목사는 흑인과 백인의 동등한 시민권을 주장했어. 결국 마틴 루터 킹 목사는 암살 당했지만 그의 활약으로 흑인의 인권은 조금씩 개선되었어. 흑인만큼 약자였던 여성들도 직장이나 사회에서 차별을 겪는 일이 줄어들었고 말이야.

1980년대 말 이후로 미국을 포함한 전 세계가 엄청난 변화를 맞았어. 독일의 베를린장벽(서독과 동독의 경계에 세워진 장벽)이 무너지고 공산주의 동독이 민주주의 서독으로 흡수되면서 소련이 해체되었지. 그러면서 공산주의는 힘을 잃었고 민주주의가 널리 퍼져 갔어. 그 과정에서 민주주의 국가의 대표격인 미국이 세계 중심에 서게 되었단다.

21세기의 미국

미국은 앞에서 보았듯이 일본, 베트남, 한국 등 여러 나라에 손을 뻗쳤어. 그래서 21세기에 들어서서는 세계 곳곳에서 일어나는 국제적인 문제를 함께 해결해야 하는 위치에 놓였지.

대표적인 예가 2001년 이슬람 테러 단체가 일으킨 9·11테러야. 미국은 9·11 테러를 당한 후 테러와의 전쟁을 선포하고, 테러를 계획한 알 카에다(테러리스트 조직)의 지도자 오사마 빈 라덴이 숨어 있다는 아프가니스탄에 군대를 보내, 빈 라덴을 숨긴 탈레반(무장 이슬람 정치 단체) 정권을 무너뜨렸어. 하지만 탈레반의 저항 세력도 만만치 않아 탈레반과

9·11테러로 무너지는 세계무역센터

미국의 전쟁은 계속됐어.

결국 미국은 2011년 파키스탄에 숨어 있는 빈 라덴을 찾아 사살했단다.

미국은 테러를 후원하고 대량 살상 무기를 개발하려는 나라도 공격했어. 2003년 대량 살상 무기를 숨겼다고 짐작되는 이라크를 침공해 이라크 대통령인 사담 후세인 정권을 무너뜨리는 데 성공했지만 정작 대량 살상 무기를 찾는 일은 실패해 세계 여러 나라들과 자국의 국민들에게 큰 비판을 받기도 했지.

전쟁과 더불어 미국은 2008년 주택담보 대출제도인 서브프라임모기지 사태로 심각한 경제 위기를 겪고 있어. 서브프라임모기지는 신용이 낮은 사람들에게 집값의 90퍼센트에 달하는 돈을 빌려 주고 높은 이자를 받는 제도야.

처음에는 집값이 올라가 사람들이 이자를 잘 갚았지만, 집값이 떨어지면서 돈을 갚지 못하는 사람들이 늘어났고 대출을 해 준 모기지 업체들이 망하기 시작했어. 덩달아 모기지 업체에 투자한 은행들도 타격을 받아 미국의 대표적인 은행들이 문을 닫고 말았지.

미국에서 금융 위기가 일어나자 전 세계로 그 영향이 미쳐 지금까지도 세계가 대공황 이후 처음이라는 경제 위기를 겪고 있어. 미국에서는 260만 개의 일자리가 사라졌고, 아이슬란드, 헝가리 등의 나라가 국제통화기금(IMF)에서 구제 금융을 신청하는 사태가 터졌단다.

　이러한 상황에서 2008년 역사상 최초로 흑인 대통령인 버락 오바마(제44대 대통령)가 당선되어 역사에서 짓눌렸던 흑인들의 위상이 올라갔어.

2장

미국은 어떤 나라일까?

미국의 뼈대가 되는 헌법

미국 국기에는 별이 몇 개일까? 미국을 잘 아는 사람이라면 별이 50개이고 그 숫자가 미국에 있는 주의 개수라는 것을 알고 있을 거야.

앞에서 보았듯이 미국은 독립전쟁 시절에 13개의 영국 식민지로 나눠져 있었는데, 보스턴 차 사건을 계기로 영국과 맞서기 위해서는 뭉쳐야 한다는 것을 깨달았어. 그래서 13개의 식민지가 모여 아메리카 합중국이라는 나라를 만들었지. 그 뒤로 서부 쪽을 확장하고 알래스카를 샀으며, 하와이를 합병해 50개 주를 건설하였단다.

미국에는 주 정부와 연방 정부가 따로 있어. 그래서 50개 주마다 똑같은 법이 있기도 하고, 조금씩 다른 법도 있지. 땅이 넓어서 지역마다 살아가는 환경이 다르다 보니 자연스럽게 생겨난 방식이야. 이렇게 주 정부와 연방 정부의 기본 규칙을 담은 것이 바로 미국 헌법이야.

1787년에 작성된 헌법 첫 장

미국은 주 정부와 연방 정부 사이의 권한이 충돌하지 않도록 연방 정부의 구성, 권한, 역할 들을 담아 세계 최초 문서로 작성된 미국 헌법을 만들었어.

우리나라는 1948년부터 60여 년 동안 아홉 번이나 헌법이 바뀌었는데, 미국은 220여 년의 미국 역사 속에서 수정 헌법 27개를 제외하고는 그대로 지켜 가고 있어. 그래서 미국 사람들은 자국의 헌법에 자부심을 갖고 있단다.

미국의 헌법은 크게 네 가지 원칙에 기초를 두고 있어.

첫째는 의원들이 있는 입법부, 대통령이 있는 행정부, 법을 심판하는 사법부의 권한이 어느 한쪽에 치우치지 않게 하는 삼권분립의 원칙이야. 여기에는 의원, 대통령, 연방 판사 등의 선출이나 임명 방법과 권한 등이 자세히 나와 있어.

둘째는 각 부가 다른 부를 견제할 수 있는 권한을 주어 입법부, 행정부, 사법부 세 권력이 균형을 이루도록 하는 거야.

대통령은 의회가 통과시킨 법안에 대해 거부할 수 있는 권리와 연방 대법원 판사를 뽑을 권한이 있어. 입법부는 법을 만드는 권한과 정부 예산을 정하는 권한, 그리고 대통령을 탄핵할 수 있는 권한이 있지. 사법부에서는 의회가 만든 법안을 판결할 수 있는 권한이 있단다.

셋째는 민주주의의 기본 원칙인 국민주권의 원리를 밝히고 있어. 이는 국가의 기반이 나라나 주에 있는 것이 아니라 국민에게 있다는 거야. 그래서 국민들은 투표를 통해 직접 자신들의 대표를 뽑고, 또 일을 잘 못하면 대표를 몰아낼 수도 있어.

마지막으로 법에 의한 통치와 지배, 즉 법치주의 사상이야. 국가의 최고법인 헌법을 어기면서 국민의 자유와 권리를 제한하거나 의무를 지우는 법을 제정할 수 없다는 내용을 담고 있지.

이렇게 네 개의 든든한 원칙이 있어서 오늘날의 미국이 있는 것일지도 몰라.

세계에서 **세 번째**로 영토가 **넓은** 나라

우리나라를 중심으로 세계 지도를 보면 미국은 태평양 건너 동쪽에 자리 잡은 아메리카 대륙에 위치해 있어. 그중에서 미국은 캐나다와 함께 북아메리카 대륙에 속해 있지.

미국의 본토는 동쪽에 대서양, 서쪽에 태평양을 끼고 있고 남쪽으로 멕시코, 북쪽으로는 캐나다와 접해 있어.

미국은 유럽이나 아시아와 멀리 떨어져 있어서 20세기 중반까지는 외국의 침략을 받지 않았어.

중국과 일본 사이에 있어서 많은 침략을 받은 우리나라와 땅이 커도 자연 방어벽이 없어서 만리장성을 쌓아야 했던 중국에 비하면 미국의 지리적 위치는 큰 행운이지.

미국은 세계에서 세 번째로 큰 나라야. 그 크기는 얼마나 될까?

알래스카와 하와이, 그리고 미국 대륙의 본토를 합치면 약 982만 제곱킬로미터나 돼. 한반도와 비교하면 마흔세 배고, 남한만 비교하면

미국의 해외 영토

미국은 해외에도 많은 영토를 두고 있다.
미국 영토에 사는 원주민들은 특색 있는 전통 문화를 이어 가고 있으며,
자연 풍경도 뛰어나 전 세계에서 많은 관광객들이 찾아온다.

천연자원과 관광자원이 풍부한 알래스카

태평양의 낙원 하와이

한국 관광객이 많이 찾는 괌

카리브해에 있는 푸에르토리코

서인도 제도의 버진아일랜드

화산 폭발로 생긴 사모아

아흔여섯 배에 달하지. 동서간의 거리가 약 5,000킬로미터나 되어서 동쪽에서 서쪽 끝까지 가려면 시속 100킬로미터로 달린다고 해도 50시간이 넘게 걸리지.

거리가 워낙 멀다 보니 해가 뜨고 지는 시간도 지역에 따라 달라. 그래서 본토를 사 등분해서 네 개의 표준 시간을 만들었어. 뉴욕과 워싱턴이 위치한 곳은 동부 표준시, 시카고가 있는 곳은 중부 표준시, 로키산맥 근처는 산악 표준시, 로스앤젤레스가 있는 곳은 태평양 표준시로 나누었지. 중국이 베이징을 기준으로 하나의 시간대로 통일한 것에 비하면 미국은 상당히 다르지.

미국은 이 밖에도 태평양과 카리브해 지역에 몇 개의 해외 영토를 가지고 있어. 태평양에는 괌, 미국령 사모아, 북마리아나 제도가 있으며, 카리브해 지역에는 푸에르토리코, 미국령 버진아일랜드 등이 미국 영토에 속하거나 미국의 관할하에 있단다.

다양한 자연 풍경이 있는 곳

미국은 영토가 넓은 만큼 다양한 지형으로 이루어져 있어.

서부에는 높은 산맥과 사막, 중부에는 드넓은 평원, 동부에는 낮은 산야 지대가 있지. 지형이 다양하다 보니 미국 사람들은 해외 여행을 가지 않고도 자기네 나라에서 다채로운 풍경을 볼 수 있어.

높은 산맥과 고원으로 이루어진 서부 산악 지대는 미국 본토의 3분의 1을 차지할 정도로 광범위해.

서부 동쪽에는 미국에서 가장 높은 로키산맥, 서쪽에는 캐스케이드

산맥과 시에라네바다산맥, 중앙부에는 고원과 분지가 자리 잡고 있어.

서부 중앙에 있는 고원 지대는 메마른 땅으로 유명해. 그래서 농작물이 잘 자라지 않지만 아름답고 웅장한 콜로라도고원을 보러 매년 엄청나게 많은 관광객들이 이곳을 찾지. 그 유명한 그랜드캐니언도 여기에 있단다.

세계적인 대협곡 그랜드캐니언

서부 서쪽에는 태평양을 따라 해안 산맥들이 있어. 해안 산맥과 캐스케이드 및 시에라네바다 산맥 사이에는 많은 계곡들이 형성되어 있는데 말이 계곡이지 거의 평야 수준이야.

대표적인 곳이 캘리포니아의 센트럴밸리야. 센트럴밸리는 기후도 좋고 땅이 비옥해서 미국에서 소비하는 채소, 과일 등 상당 부분을 생

다양한 자연풍경 1

협곡의 깊이가 1,000미터가 넘는 콜로라도강

유네스코 세계유산인 요세미티국립공원

석탄과 석유가 매장되어 있는 북서부의 몬태나

아름다운 경치가 펼쳐지는 서부 해안 도로

야생 동물과 야생 식물의 천국 로키산국립공원

브라이스캐니언

산하고 있어. 끝없이 늘어선 과수원에 주렁주렁 매달려 있는 오렌지를 보면 저절로 군침이 돌지.

미국의 중부는 지형이 아주 평평해. '하루 종일 차를 타도 땅끝이 보이지 않는다'는 말로도 유명하지. 실제로 중부를 지나가면 며칠 동안은 끝없이 펼쳐진 농장과 목장 그리고 드넓은 벌판만 보인단다.

중부 내륙 지방의 옥수수 농장

미국 사람들의 밥상에 올라가는 것들은 주로 중부 내륙 지방에서 생산돼. 흔히 중서부 지방이라고도 부르는 이곳은 농경지가 바둑판 모양으로 이루어져 있어. 이곳은 밀, 옥수수, 감자, 귀리를 재배하는 어마어마한 곡창 지대야.

중부 내륙 지방 말고도 대평원이라는 곳이 있는데, 이 지역은 남한이 열세 개나 들어갈 수 있는 넓은 땅으로 면적이 130만 제곱킬로미터나 된단다.

현재의 대평원은 목장과 농장들이 생겨 미국 사람들의 식량을 책임지고 있지만, 19세기 중반까지만 해도 들소의 천국이었어. 그러다가

대평원에 있는 소 목장

서부로 향하는 철도를 건설하면서 들소를 거의 죽였지. 들소는 움직임이 느리고 어마한 무리를 이루며 이동하기 때문에 기차가 지나갈 수 없었거든.

대평원 서쪽에 있는 고지대 대평원은 개척 초기에 미국의 대사막이라고 부를 정도로 황무지였어. 그만큼 물과 나무가 귀한 지역이었지. 1년 내내 내리는 비가 500밀리미터도 안 되어 농업 대신 목축업이 발달했어.

할리우드 서부 영화에 등장하는 카우보이들이 주로 활동했던 곳이 바로 고지대 대평원이야.

마지막으로 미국 동부를 살펴보면 크게 애팔래치아산맥 지대와 해

안 평야 지대로 구분할 수 있어.

애팔래치아산맥은 아주 오래전에 형성돼 깎이고 부서져서 서부에 있는 산맥들에 비하면 높은 편이 아니야. 대신에 오래된 만큼 미국 석탄 생산량의 85퍼센트나 되는 석탄이 매장되어 있어서 산업 발전에 큰 기여를 했지.

러시모어산의 대통령 조각상

동부 해안 평야 지대는 뉴욕 남쪽의 대서양 연안과 멕시코만을 따라 형성되어 있어. 땅이 걸고 기름져 초기 식민지인들이 정착했을 때부터 농업이 발달했었지. 바로 이 해안 평야 지대가 남부의 대농장제와 흑인 노예 제도를 만든 곳이야. 대농장에서는 일찍이 담배, 쌀, 사탕수수 등을 재배했고, 나중에는 목화를 주요 산물로 재배했어.

샌프란시스코의 상징 금문교

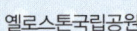
옐로스톤국립공원

바다사자가 사는 캘리포니아 해변

다양한 자연 풍경 2

세계에서 세 번째로 넓은 미국은 사막, 평원, 강, 산맥, 고원, 분지 등 다채로운 자연 풍경을 볼 수 있다.

바닷물의 증발로 생긴 아치스국립공원

세계에서 네 번째로 긴 미시시피강

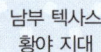
남부 텍사스 황야 지대

태평양으로 흘러드는 스네이크강

아케디아국립공원

마지막으로 미국 영토에서 큰 비중을 차지하는 게 강과 호수야. 미시시피강과 오대호가 대표적이지.

뉴욕의 발전을 도운 허드슨강

길이가 6,300킬로미터에 달하는 미시시피강은 북아메리카 대륙에서 가장 길고 세계에서는 네 번째로 긴 강이야. 미시시피강과 더불어 오대호는 철도가 놓이기 전까지 수로 운송으로 미국 발전에 도움을 주었어. 특히 1825년 뉴욕의 허드슨강과 오대호 그리고 오하이오강을 이어 주는 이리운하가 개통되면서 운송 시간과 비용을 획기적으로 줄여 주는 교통 혁명의 시대가 열렸어.

미국은 다양한 지형만큼 기후 역시 다양해. 지구상에 존재하는 모든 기후가 나타난다고 봐도 될 거야.

전반적으로 미국은 사계절이 뚜렷한 온대 기후에 속해. 예외로 플로리다와 하와이는 더운 열대 기후, 알래스카는 추운 한대 기후, 캘리포니아는 따뜻한 지중해성 기후, 로키산맥의 고지대 평원은 물이 부족한 반 건조성 기후가 나타난단다.

가는 곳마다 느낌이 다를 것 같은 미국, 한번 가 보고 싶지 않니?

다문화 다인종의 나라

미국을 가리켜 흔히 '이민의 나라'라고 해. 말 그대로 미국은 식민지 시대부터 오늘에 이르기까지 세계 곳곳의 사람들이 건너와 새로운 삶을 살기 시작한 나라거든.

그렇다면 어느 나라에서 얼마나 많은 사람들이 왔을까?

영국 사람들이 식민지를 건설하던 당시에 원래 살고 있던 인디언들의 수는 1,500만 명 정도였어. 그러나 유럽에서 건너온 백인들이 아메리카 대륙을 개척하는 동안에 벌어진 전쟁과 질병으로 많은 인디언들이 목숨을 잃었어.

이후 유럽 국가에서 백인이, 아프리카에서 흑인 노예들이 들어오면서 미국 건국 당시에는 인구 수가 400만 명 정도였어. 약 220여 년이 지난 2012년대에는 3억 1,470만여 명으로 인구가 어마하게 늘어났지. 소수의 아메리카 인디언과 흑인 그리고 다수의 백인으로 꾸려지기 시작한 미국에 히스패닉이라 불리는 멕시코와 중남미 사람들이

이민 왔어. 또 캘리포니아의 황금 열풍과 대륙횡단철도 건설로 아시아계 이민자인 중국 사람들이 들어오면서 미국은 다문화·다인종 사회가 되었지.

우리나라도 1960년대 미국의 이민법 개정으로 이민이 가능해지자 많은 사람들이 미국을 찾았어. 미국에 있는 한국 유학생 수도 많이 늘었지.

2010년 미국에 사는 사람들은 백인 66퍼센트, 히스패닉 16퍼센트, 흑인 13퍼센트, 아시아계 5퍼센트가 살고 있어. 미국 인구조사국에 의하면 2050년쯤에는 백인 46퍼센트, 히스패닉 30퍼센트, 흑인 15퍼센트, 아시아계 9퍼센트가량으로 더 이상 백인 사회가 아닌 유색 인종의 사회가 될 거라고 해. 다인종 시대를 넘어 무(無)인종의 시대가 온다는 거지.

그럼 2050년에는 미국 전체 인구 수가 얼마나 될까? 지금 인구보다 1억 4,200만 명이 늘어나 4억 5,000만 명이 될 거라고 봐. 여기에는 고령화로 인한 노인 인구의 증가도 무시할 수 없어. 건국 초기 미국 사람의 평균 수명은 서른다섯 살 정도였는데 지금은 일흔여덟 살이거든.

민주주의를 만든 나라

미국은 다양한 인종과 문화를 가진 나라여서 한국과 같이 단일 민족으로서의 국민성이나 고유한 기질을 표현하기는 어려워. 그래도 미국 사람들이 가지고 있는 공통적인 사고방식이 있는데 민주주의, 평등주의, 개인주의를 존중한다는 거야.

에이브러햄 링컨(제16대 대통령)이 했던 '국민의, 국민에 의한, 국민을 위한 정부'라는 말에서 알 수 있듯이 미국의 정치 이념은 국민을 우선 시하는 민주주의였어. 당시 영국을 포함한 세계 대부분의 나라가 왕이 직접 통치하는 것에 비하면 새로운 정치 제도였지.

특히 초대 대통령인 조지 워싱턴은 민주주의의 틀을 잡는 데 중요한 역할을 했어. 그는 헌법을 준수하며 대통령의 권한을 넘는 행동은 하지 않았지.

예를 들면 워싱턴은 처음부터 대통령을 하겠다는 생각도 없었지만, 국민의 부름에 따라 두 번에 걸친 대통령직을 맡게 되었어. 두 번째 임기가 끝나자 사람들이 또 대통령을 하라고 권했지만, 워싱턴은 세 번이나 임기를 맡으면 장기 집권을 위한 정치 싸움이 생길 수 있다며 권력에 연연하지 않고 조용히 물러나는 지도자로서의 본보기를

보였어.

대통령은 두 번까지만 한다는 그의 생각은 다음 대통령들이 법처럼 지켜온 절제와 민주주의의 미덕이었어. 비록 프랭클린 루스벨트(제32대 대통령)가 4선을 하며 이 전통이 깨졌지만, 1951년 3선 출마를 금지하는 수정 헌법이 통과되면서 워싱턴의 전통을 계승했지.

대통령의 호칭에서도 민주주의 정신을 엿볼 수 있어. 부통령이 워싱턴에게 '고귀하고 존엄하고 높은 대통령 각하'라고 부르자 워싱턴이 간단히 '미스터 프레지던트(Mr. President)'라고 부르라고 했대. 대통령은 국민의 대표일 뿐 높은 계급의 사람이 아님을 강조한 거지. 그때부터 오늘날까지 미국의 대통령을 미스터 프레지던트라고 부르게 되었어.

미국은 위기가 와도 민주주의를 강조하며 사람들을 단결시켰어. 제1차 세계대전에 참전하면서 '세계 민주주의를 구하기 위해서'라는 목표를 내걸고 독일의 군국주의*와 맞서 싸웠지.

점점 미국의 민주주의는 세계로 뻗어 나가 제1차 세계대전 후 독립을 한 많은 나라에 퍼져 나가기 시작했어. 그중에는 우리나라도 포함되어 있단다.

군국주의 군사력을 중요하게 여겨 정치, 경제, 문화, 교육 등을 군사 목적에 따르게 하려는 주의나 사상. 고대 로마제국, 제2차 세계대전의 독일, 이탈리아, 일본이 대표적으로 군국주의를 따랐다.

모든 사람이 나면서부터 **평등**한 나라

여유 있게 차례를 기다리는 사람들

미국 사람들이 잘하는 것 중에 하나가 바로 줄 서기야.

은행, 매표소, 마트 같은 곳에 가면 길게 늘어서 있는 줄을 자주 볼 수 있지. 미국 사람들은 여유롭게 자기 차례를 기다려. 시간이 오래 걸려도 불평하지 않고, 절대로 새치기를 하지 않지. 혹시라도 누가 새치기를 하면 반드시 사람들의 원성을 사면서 뒤로 물러나게 될 거야.

미국 사람들이 질서를 잘 지키는 건 평등주의 정신이 일상에 배어 있기 때문이야. 권력, 지위, 돈에 상관없이 누구에게나 순서대로 차례가 돌아온다는 원칙이 일찍이 생겼거든.

미국에서는 이력서를 쓸 때에도 사진을 붙이지 않아. 성별, 나이, 출신 등으로 사람을 판단하지 않고 순수하게 그 사람의 능력으로 채용하기 위해서지.

또 사회 약자들을 사원으로 채용하는 소수자 우대 제도도 있어. 오랜 세월 동안 백인 남성 중심의 사회에서 차별을 당한 여성과 흑인, 그리고 소수 인종에게 평등한 기회를 주기 위해 만든 거지.

미국의 평등주의는 건국 당시부터 민주주의와 마찬가지로 중시됐어. 그래서 「독립선언서」의 말머리에도 '모든 인간은 나면서부터 평등하며'라는 구절로 시작해. 당시 왕, 귀족, 성직자, 농민, 노동자로 신분 계층이 나뉘어 있던 유럽과 달리 미국은 사람들을 평등한 위치에서 살아가게 한 거야.

1776년 독립 선언 때부터 평등을 말하기는 했지만 미국이 본격적으로 평등한 사회로 들어선 것은 1960년대부터야. 주권이 국민에게 있고 신분과 계급이 없는 사회는 맞지만 흑인과 여성이 제외되어 있었거든.

흑인은 남북전쟁 후에 시민권과 투표권을 얻을 수 있었지만, 남부에서는 여전히 흑인과 백인을 엄격히 분리하는 인종 차별을 겪었어. 여성도 1920년에 와서야 투표권을 얻었지만, 남성 중심의 사회적 차별은 여전했지. 하지만 1960년대 이후 인종이나 성에 따라 차별하는 것을 법으로 금지하면서 제대로 된 평등권을 확립했단다.

미국의 수도 워싱턴 D.C.

　미국의 수도를 물어보면 많은 사람들이 뉴욕이라고 대답해. 뉴욕은 세계에서 가장 유명한 도시이자 국제 금융의 중심지라서 미국의 수도로 잘못 알고 있는 사람들이 많아. 그러나 미국의 수도는 정식 명칭으로 워싱턴 컬럼비아 특별구(Washington, District of Columbia)라고 부르는 워싱턴 D.C.야. 미국의 50개 주 어디에도 속하지 않는 독립된 행정 구역이지.

　워싱턴 D.C.가 처음부터 미국의 수도였던 것은 아니야. 처음에는 뉴욕이 수도였어. 이곳에서 조지 워싱턴이 대통령으로 취임했지.

　워싱턴은 수도를 필라델피아로 옮겼다가 최종적으로 지금의 워싱턴 D.C.를 수도로 정했어.

　워싱턴 D.C.는 세계의 수도라고 해도 될 만큼

워싱턴 D.C.

미국의 정치, 외교, 행정의 중심지이다. 내셔널몰을 중심으로 사방에 갖가지 박물관과 기념관 그리고 연방 정부의 건물들이 있다.

▶ 대통령이 머무는 백악관

▶ 인디언국립박물관

▶ 초대 대통령 조지 워싱턴 기념탑

▶ 스미스소니언박물관

▶ 미국 국방부인 펜타곤

▶ 국회의사당

워싱턴 D.C. 중심부에 있는 내셔널몰

국제적인 정치, 외교, 행정의 중심지이며, 147개의 세계 대사관이 모여 있어. 그래서 세계 각국의 외교 사절들이 워싱턴 D.C.를 드나들지.

워싱턴 D.C.는 미국의 수도이니만큼 연방 정부의 건물들이 자리 잡고 있어.

웅장한 돔과 흰 대리석으로 지어진 국회의사당이 돋보이지. 미국 대통령이 국회의사당 앞에 있는 단상에서 대통령 선서를 하는 모습을 텔레비전에서 본 적이 있을 거야. 국회의사당 앞에는 잔디밭과 연못이 펼쳐진 직사각형의 넓은 정원이 있어. 이것을 내셔널몰(National Mall)이라고 불러.

이 몰을 중심으로 대통령이 살고 있는 백악관, 역사적으로 귀한 책들을 소장하고 있는 국회도서관, 각종 박물관이 있는 스미스소니언협회 등이 있어. 영화 〈내셔널트레저〉에 나온 「독립선언서」의 원본이 보관되어 있는 국립문서보관서도 여기에 있지. 이렇게 워싱턴 D.C.에는 하루에 다 못 볼 정도로 많은 구경거리가 있단다.

전 세계 공통어가 된 **영어**

여러분도 알고 있듯이 미국의 언어는 영어야. 정확하게 말하면 미국 영어(American English)이지. 영어는 영국 영어(British English)와 미국 영어로 나뉘거든.

미국이 영국의 식민지에서 출발했기 때문에 뿌리는 영국 영어라고 할 수 있지만, 식민지 시절부터 대서양을 사이에 두고 다르게 발전해 온 미국 영어는 영국 영어와 차이가 있어.

또 영어를 모국어로 사용하는 사람들 중 절반가량이 미국 영어를 쓰고 있고, 우리나라를 포함한 아시아 나라들에서 미국 영어를 중심으로 공부하고 있지.

미국 영어는 미국에서 쓰는 언어이지만 우리나라처럼 국가적 차원의 국어라고는 할 수 없어. 미국은 공식적으로 국어를 정해 놓지 않았거든. 다만 미국 영어가 널리 쓰이다 보니 국어 또는 공통어 역할을 하고 있는 거야.

미국 영어 사전을 만든 노아 웹스터

그래도 미국의 50개 주 가운데 30개 주가 공식 언어로 영어를 쓰고 있기는 해.

미국 영어가 발음이나 단어에서 영국 영어와 차이가 있는 것은 미국 역사와 관련이 있어.

미국은 식민지 시절부터 영국, 스페인, 프랑스, 네덜란드, 독일 같은 유럽 나라와 교류가 있었고 아프리카, 아시아 등지에서 이주민들이 넘어와 다양한 나라권의 언어에 영향을 받았지.

그래서 미국 도시, 지역, 강, 호수, 산 등의 이름을 보면 스페인어나 인디언식 이름이 남아 있어. 예를 들면 몬태나는 스페인어, 나이아가라, 미시시피, 애팔래치아 등은 인디언식 이름이야.

미국에도 우리나라의 세종대왕처럼 영국 영어에서 독립해 미국 영어를 만들자고 주장한 사람이 있었어. 바로 노아 웹스터라는 사람이야.

노아 웹스터는 미국이 정치뿐 아니라 언어도 영국에서 독립해야 한다며 1828년에 미국 최초의 『영어 사전』을 펴냈어.

노아 웹스터가 어떻게 미국 영어 사전을 만들었는지 몇 가지 살펴보자.

철자가 다르다

뜻	미국 영어	영국 영어	뜻	미국 영어	영국 영어
색깔	color	colour	승강기	elevator	lift
극장	theater	theatre	지하철	subway	underground

발음이 다르다

뜻	미국 발음	영국 발음	차이
Tom 사람 이름	탐	톰	아[a]와 오[o] 발음
Tomato 토마토	토메이로	토마토	미국은 t 발음을 거의 안 한다.
Bear 곰	베얼	베어	미국은 버터 발음이라는 r 발음이 많다.

미국에 가면 영어 말고도 다른 언어를 듣거나 쓰게 되는 경우가 많아. 미국에서 두 번째로 가장 많이 쓰는 언어가 스페인어거든.

　백인 다음으로 가장 많은 인종이 멕시코계를 비롯한 라틴아메리카 출신의 히스패닉이기 때문이야. 그래서 미국 대도시의 텔레비전이나 라디오에서 스페인어 방송을 하기도 하고, 미국의 여러 주들도 스페인어를 제2공통어로 정했어.

　그 밖에 코리아타운, 차이나타운, 리틀도쿄처럼 소수 인종들이 많이 모여 사는 곳에서는 각 나라 사람들의 언어를 사용하고 있어.

로스앤젤레스의 코리아타운에서는 "영어를 몰라도 사는 데 큰 불편이 없다"는 말이 있을 정도지.

미국에서는 인구 조사 설문지도 지역에 따라 영어를 비롯해 그 지역의 사람들이 주로 쓰는 언어로 작성해. 한국 사람들이 많이 사는 주에서는 운전면허 책과 시험지가 한글로 되어 있어서 영어를 몰라도 운전면허를 딸 수 있어.

미국이 다문화 국가라는 사실이 실감 나지?

잔디밭 위 나의 집

미국 드라마나 애니메이션을 보면 예쁜 집이 나와. 미국의 집들은 시멘트나 벽돌로 지은 우리나라 집과는 달리 대부분 나무로 지어진 단독 주택이야.

한국의 단독 주택과 차이점이 있다면 미국의 주택에는 차고가 딸려 있고, 집 모양이 주인의 취향에 따라 제각각이라는 거지.

차고가 딸린 미국의 주택

차고라고 해서 자동차만 보관하는 건 아니야. 미국 사람들 대부분은 차고에 자동차를 보관하면서 만물 공작소로도 사용해.

미국은 인건비가 비싸기도 하고, 직접 만들어 쓸 수 있는 DIY(do it yourself)가 잘 되어

있어서 필요한 물건을 만들거나 수리하는 일은 대부분 스스로 할 수 있거든. 종종 차고를 학생들의 밴드 연습실이나 여분의 방으로 사용하기도 해.

미국은 주택 관리에 손이 많이 가. 봄여름에는 잔디를 깎거나 정원을 꾸며야 하고, 가을에는 낙엽을 쓸고, 겨울에는 눈을 치워야 하지.

이렇게 할 일이 많아서 청소년들은 용돈 마련을 위해 자기 집과 이

미국의 단독 주택

미국의 아파트

미국의 주택

미국의 단독 주택은 차고, 뒷마당, 앞마당이 있는 형태가 많다. 앞마당에는 자그마한 정원이 있고, 뒷마당에는 작은 수영장이 있다. 아파트는 대체로 높아야 이삼 층이며 수영장, 헬스장, 공동 세탁실, 파티장 등의 공동 공간이 있다.

아파트 안의 공동 공간들

웃집 마당 일을 아르바이트 삼아 하는 경우가 많아.

단독 주택이 아닌 아파트는 어떤 모습일까? 우리나라에서 흔하디흔한 고층 아파트는 뉴욕 같은 대도시에나 있고 대체로는 이삼 층의 저층 아파트가 많아.

아파트에 사는 사람들은 대개 서민이거나 갓 독립한 학생들이지. 아파트 내에는 수영장, 헬스장, 동전을 넣고 사용하는 공동 세탁실, 간단히 파티를 즐길 수 있는 파티장 등의 공동 공간이 있어.

미국에는 노인을 위한 노인 아파트도 있어. 대부분 은퇴한 노인들이 편히 지내도록 시설이 잘 되어 있지. 그 밖에도 도시 외곽에는 이동식 소형 주택에 사는 가난한 사람들이 있단다.

개인의 삶을 우선시하는 미국 사람들

여러분은 갖고 싶은 게 생기면 어떻게 하니? 아마 부모님을 졸라서 사 달라고 하지 않을까 싶어.

미국 아이들은 자기가 돈을 모아서 사는 경우가 많아. 미국 아이들은 어릴 때부터 가정이나 사회에서 자기 일을 스스로 해 나가는 자립심과 독립심을 배워. 그래서 열여덟 살이 되면 대부분 부모님과 떨어져 살지.

그 때문인지 미국 사람들은 국가나 사회보다 개인의 삶을 우선시하는 개인주의가 강하단다.

개인의 의사를 존중하기 때문에 학교에서 하는 갖가지 행사에도 의무적으로 참석할 필요는 없어. 대신에 무얼 선택하든 자유이지만 결과에 따르는 모든 책임은 자신이 져야 해. 그래서 미국 사람들은 선택이나 결정을 할 때 신중하게 생각하지. 어떤 일을 할 때 다수의 결정을 따르려는 우리와는 사뭇 다르지?

미국의 개인주의는 경제 생활에서도 잘 드러나.

재산을 소유한 개인이나 회사에서 그 재산에 관한 한 마음대로 사용하고, 관리하고, 처분할 수 있는 권한 즉, 사유 재산권이 대표적인 예이지.

미국에서 길을 가다 보면 '이곳은 사유지임. 들어가지 마시오'라는 팻말을 볼 수 있어. 팻말을 보고도 무심코 들어갔다가는 무단 침입자로 몰려 경찰서에 끌려갈 수도 있는 나라가 미국이야.

사유 재산 보호가 철저한 만큼 그 재산을 소유한 주인의 책임도 커. 앞서 말한 자율과 책임의 원리가 여기에도 해당하는 거지.

예를 들어 내 집 앞의 눈을 치우지 않아서 누군가 미끄러져 다치면 피해자가 집주인에게 소송을 걸 수 있단다.

자동차 없이는 못살아

자동차가 필수인 미국

넓디넓은 미국에서 살아가는 데 꼭 필요한 게 있어. 바로 자동차야. 미국에서 면허를 딸 수 있는 나이인 열여섯 살이 되면 청소년들이 가장 갖고 싶어하는 것 역시 자동차지.

미국에도 버스와 지하철 등 대중교통이 있지만 대도시를 벗어나면 차가 뜸하게 다니고, 시간도 많이 걸려서 대중교통을 이용하기가 만만치 않아. 그래서 미국에서는 '자동차가 없으면 맨발로 다니는 거나 마찬가지'라는 농담도 있지.

자동차의 영향으로 주거 문화도 달라졌어. 자동차를 타고 멀리 갈 수 있으니 시끄럽고 번잡한 도시를 떠나 조용하고 쾌적한 변두리에 주택가를 형성해 나갔어.

미국은 워낙 넓어서 자동차를 타고 삼십 분에서 한 시간 정도 걸리는 거리는 멀다고 생각하지 않아. 그래서 마을과 마을의 중간 지점에 주차장을 갖춘 대형 상점과 쇼핑 센터들이 생겼어. 또 차 안에서 패스트푸드 음식 주문과 우체국, 은행 업무를 할 수 있는 드라이브-스루(Drive-thru)도 생겨났지.

중산층 가정에서는 보통 두세 대 이상의 자동차를 가지고 있어. 두 대는 부부의 출퇴근용으로 사용하고, 나머지 한 대는 미니밴(소형 승합차)이거나 중소형 트럭인데 여행이나 레저용으로 사용해. 그래서 미국 고속도로를 달리다 보면 트럭에 트레일러를 매달아 보트를 가져가는 모습을 자주 보게 된단다.

또 RV(Recreation Vehicle)라고 하는 버스만 한 캠핑카도 종종 볼 수 있어. 미국 사람들은 다양한 지역과 문화를 접하기 위해 여행을 많이 가는데, 장거리 여행을 위해서는 집처럼 모든 시설이 갖춰진 캠핑카가 필요한 거지.

미국 사람들의 **식탁**에는

미국 음식 하면 햄버거와 콜라가 먼저 떠오를 거야. 맥도날드, 케이에프씨, 버거킹, 피자헛 같은 패스트푸드와 코카콜라를 비롯한 많은 음료수와 스낵이 생겨난 곳이 미국이니까 말이지.

미국에 패스트푸드가 등장한 것은 1940년 맥도날드의 간판이 걸리면서부터야. 하지만 30년이 지난 1970년대가 되어서야 본격적으로 패스트푸드 산업이 발전했지. 이때 많은 여성들이 일자리를 갖기 시작하면서 요리할 시간이 부족해졌거든. 그래서 음식을 사서 바로 먹거나, 오븐에 데워서 먹는 간단한 과정의 패스트푸드 음식이 인기를 끌었어.

포장을 뜯고 바로 먹을 수 있는 스낵도 텔레비전이 생기고 공장의 기술이 발달하면서 더 많은 종류가 나왔지. 그렇게 세월이 흘러 패스트푸드와 스낵은 미국 사람들의 주요 양식이 되었어.

오늘날에는 테이크아웃(take-out)과 냉동식품이라는 새로운 음식 문화가 생겼어. 미국 가정은 맞벌이를 하는 부부가 많아. 그래서 음식을 포장해 오는 테이크아웃과 요리가 되어 있는 냉동식품이 바쁜 부부들에게 도움이 되고 있어.

미국 사람들은 주로 아침에는 우유를 부은 시리얼이나 토스트와 함께 과일을 먹어. 달랑 커피만 들고 출근하는 사람들도 많지. 점심에는 주스나 콜라와 함께 샌드위치, 햄버거, 피자를 먹고, 저녁에는 샐러드와 함께 고기 요리나 면 요리를 먹어.

주말에는 달걀프라이와 베이컨, 와플이나 팬케이크를 먹지. 전반적으로 평일에는 간소하게 먹고, 주말에는 레스토랑이나

간편하게 먹는 샌드위치

대형 슈퍼마켓에 진열된 상품들

미국의 먹을거리

미국은 빨리 나오고 간단히 먹을 수 있는 음식이 많다. 그래서 소시지나 샌드위치를 파는 스낵바가 길거리 곳곳에 있고, 대량 생산의 영향으로 포장이 크고 양이 많은 스낵들이 마트 곳곳에 높이 쌓여 있다.

집에서 요리를 해 먹는 때가 많단다.

그렇다고 미국 사람들이 인스턴트 음식만 먹는다고 생각하면 안 돼. 요즘은 건강을 위해 많은 가정에서 직접 요리를 해 먹거든.

상점에서 파는 음식은 오래 보관하려다 보니 기름기가 많고 소금이 많이 들어가 짠 편이야. 그래서 늘 청량음료가 함께 따라 나오지.

미국의 전형적인 슈퍼마켓

이런 음식들 때문에 미국에서는 비만이 사회 문제가 되고 있어.

나라 차원에서 비만을 줄이려고 가난한 가정의 아이들에게 채소 음식을 지원해 주거나, 고칼로리 콜라를 팔지 않는 등 정부와 기업이 팔 걷고 나서고 있단다.

미국에 비하면 우리나라는 건강을 생각한 음식이 많아. 하지만 우리나라 식생활도 점점 미국처럼 변해 가고 있어서 안타까워.

스포츠를 좋아하는 나라

미국만큼 스포츠를 좋아하는 나라도 드물 거야.

스포츠 계절이 되면 사람들은 경기 관람은 물론이고 좋아하는 팀의 이름이 찍힌 장식물로 자동차나 집을 꾸미고 옷이나 액세서리들을 사. 월드컵 때 우리나라의 붉은악마와 같은 모습이 미국에서는 계절별로 있다고 생각하면 쉬울 거야.

미국 사람들에게 인기 있는 종목으로 겨울철에는 농구와 아이스하키, 봄부터 가을에는 야구, 가을부터 겨울에는 미식축구가 있어. 특히 농구와 미식축구는 미국에서 시작되어서 그런지 미국 사람들에게 더 많은 사랑을 받지. 미국 프로 농구 NBA와 메이저리그 야구는 세계에서 내로라하는 운동 선수들이 모여 있어서 미국 사람들은 물론 전 세계 팬들의 관심을 받고 있단다.

이렇게 스포츠 열기가 뜨거운 만큼 학교에서는 야구, 축구, 수영 등 여러 운동 모임을 활발하게 꾸려 가고 있어. 미국 아이들은 어려서부

터 운동을 하면서 친구들과 함께하는 공동체 정신을 기르고 바르게 경쟁하는 법을 배우지. 또 건강한 몸을 만들기도 하면서 운동 선수로서의 자질도 살펴보고 말이야.

초등학교 때부터 방과 후 스포츠 활동을 시작해서, 중·고등학교에 가면 선발을 통해 학교 팀 선수로 뛰기도 해. 선수가 되면 날마다 두

스포츠를 즐기는 미국 사람들

미국의 학교나 단체에는 축구, 농구, 야구 등 다양한 운동 모임이 있다. 어릴 때부터 운동을 통해서 경쟁과 공동체 정신을 배운 미국 사람들은 틈틈이 운동을 하거나 경기 관람을 즐긴다.

시간 정도 연습하고, 다른 학교들과 시합을 벌이지. 이런 과정에서 자녀를 훌륭한 운동 선수로 키우기 위해 열성적으로 뒷바라지하는 싸커 맘과 베이스볼 대디라고 불리는 부모들이 생겨나기도 했어.

아이비리그 대학의 스포츠 사이트

청소년 운동 선수들은 선발을 통해 대학 팀으로 가기도 해. 대학의 선수가 되면 스포츠 스타로 거듭나기 위한 첫 발판에 서는 거지. 대학 팀의 선수들은 곧 프로 리그에서 뛸 수 있기 때문에 대학 미식축구와 농구 경기는 사람들에게 인기가 많아.

대학의 아마추어 선수들은 공부도 잘해야 해. 미국의 대학들은 운동 성적과 학업 성적을 따로 엄격히 평가하거든. 그래서 공부의 부담을 이기지 못한 선수들은 대학 졸업장도 없이 중간에 프로로 바꾸는 경우도 있어. 운동에만 전념하면 졸업장을 주는 우리나라와는 다르다고 할 수 있지.

이렇듯 미국 사람들은 어릴 때부터 스포츠에 익숙하고, 운동 선수들의 힘든 삶을 잘 알고 있어서 스포츠를 좋아하고 선망한단다.

미국을 만든 **기독교**

미국을 가리켜 흔히 청교도가 세운 나라라고 하고, 백인이면서 영국계인 앵글로색슨에 속하는 미국 개신교도들이 이룬 사회라고도 해. 역대 대통령 중에서 개신교도가 아닌 사람은 존 F. 케네디 대통령(제35대 대통령)뿐이고, 백인이 아닌 사람은 지금의 오바마 대통령이 유일하지.

미국은 건국할 때부터 종교의 자유를 보장한 세계 최초의 국가라고 할 수 있어. 더욱 놀라운 것은 헌법을 만드는 데 참여한 건국의 아버지들이 대부분 기독교인이었음에도 불구하고, 헌법에 '국교를 수립할 수 없으며 종교의 자유를 침해할 수 없다'는 내용을 넣었다는 거야. 그래서 학자들은 건국의 아버지들이 잘한 업적 중의 하나가 종교의 자유를 보장한 것이라고 해. 미국은 다른 나라와 달리 종교 문제로 갈등을 빚은 일이 거의 없었거든.

종교의 자유 때문인지 미국은 종교가 다양한 사회야. 2007년의 통계를 보면 기독교를 믿는 초기 이민자들의 후손이 많아서인지 기독교 78.5퍼센트로 가장 높으며(그중 개신교 51퍼센트, 가톨릭교 24퍼센트, 나머지는 모르몬교 등), 유대교 1.7퍼센트, 불교 0.7퍼센트, 이슬람교 0.6퍼센트, 힌두교 0.4퍼센트, 기타 종교 1.2퍼센트, 무교 16.1퍼센트, 무응답이 0.8퍼센트야.

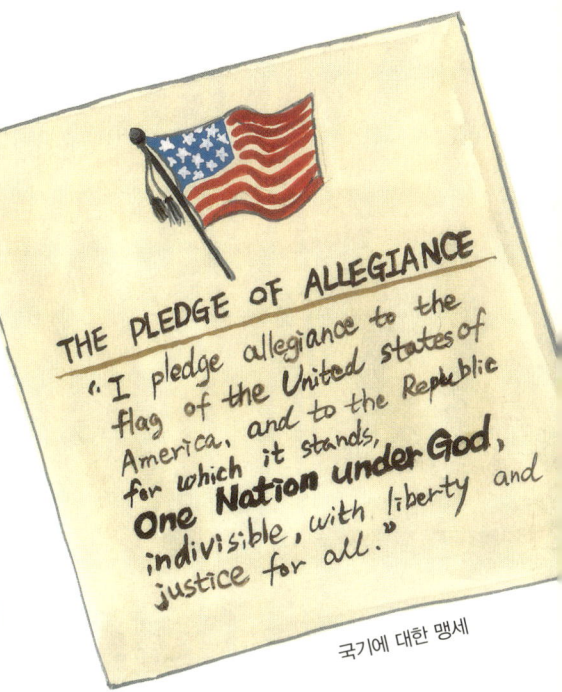

국기에 대한 맹세

기독교인이 다수를 차지하지만, 매주 교회에 가는 사람들의 숫자는 점점 줄고 있어. 2006년의 한 여론 조사에 따르면 열여덟 살 이상의 성인 중에서 매주 교회에 가는 사람은 26퍼센트 정도이고, 한 달에 한두 번 가는 사람도 9퍼센트에 지나지 않는대. 그렇지만 미국은 기독교의 전통이 생활 속에 깊이 스며 있어.

동전과 지폐에 '우리는 신을 믿는다(In God We Trust)'라는 문구가 쓰여 있고, 우리나라의 '국기에 대한 맹세'처럼 외우는 '충성의 선서'에도 '신 아래(under God)'라는 구절이 있지. 무엇보다도 아기 예수의 탄생을 기리는 크리스마스가 되면 미국 여기저기에서 큰 행사를 벌인단다.

시간이 곧 돈인 나라

일하고 있는 노동자

시간은 돈이다라는 말을 한 번씩은 들어 봤을 거야. 피뢰침을 발명한 미국의 과학자이자 정치가인 벤저민 프랭클린이 한 말이야. 이 말은 시간 낭비를 싫어하는 미국 사람들을 대변해.

미국은 개인주의가 발달한 나라여서 자기가 한 행동에 합당한 이득이나 결과를 바라. 그러니 일한 시간은 곧 돈과 같은 거지. 우스갯소리로 어떤 사람이 일을 하지 않고 쉬고 있으면, "그 사람은 바쁘게 쉬고 있는 중이다"라고 할 정도야.

시간관념에 대한 미국과 우리나라의 인식 차이로 '코리안 타임'이라는 말이 생겼어. 이 말은 한국전쟁 당시 미국 사람들이 우리나라에 머물렀을 때 우리나라 사람들이 약속을 잘 안 지켜서 생겨난 말이래.

시간을 정할 때 우리나라는 '몇 시쯤'이라는 말을 쓰지만 미국에서는 정확한 시간을 말해. 그러니 조금 늦는 것을 별로 문제 삼지 않는 우리나라가 시간 개념이 확실한 미국 사람들에게는 이상하게 보였을지도 몰라.

미국에는 일한 시간을 시간당 계산해서 인건비를 주는 곳이 많아. 편의점이나 패스트푸드점에서 일하는 아르바이트직과 비정규직은 물론이고 학교 선생님들도 수업 일수에 따라 돈을 받지.

자기 노력에 대한 대가와 시간 개념은 일상에서도 잘 드러나.

예를 들어 우리나라는 수리 센터에서 컴퓨터나 자동차를 수리할 때 부품비만 받지만 미국은 꼭 인건비가 포함된단다.

미국은 시간관념이 투철하기 때문에 미국 사람과 약속했을 때는 시간을 정확히 지키는 게 중요해. 그래서 약속 시간 십 분 전에 도착하는 게 좋단다.

파티를 즐기는 미국 사람들

미국 사람들이 가장 기다리는 시간은 아마 금요일 저녁일 거야. T.G.I.F(Thanks god it's Friday:와! 드디어 금요일이다.)라는 말처럼 미국은 모든 업무가 주 5일제라서 금요일 오후에 한 주가 마무리되거든.

금요일 오후에는 친구들을 집으로 초대해서 식사를 하거나 외식을 하러 많이 나가. 청소년과 대학생들은 음악을 크게 틀어 놓고 밤에 파티를 하고, 어른들은 친구와 함께 맥주나 포도주를 마시며 이런저런 이야기를 나누지.

미국 아이들은 주로 어떤 파티를 즐길까?

미국의 초등학생들은 생일 파티를 크게 열어. 친한 친구들만 초대하는 것이 아니라 반 친구와 이웃도 함께 불러서 동네의 작은 잔치 같아.

수영장과 넓은 마당이 있는 집에서는 파티 전문가를 부르기도 해. 혹은 야외 수영장, 볼링장 등에 파티를 할 수 있는 놀이 프로그램과 파티장이 마련되어 있어서 장소를 빌려서 하기도 하지.

파티복을 입은 학생들

　미국 사람들은 파티를 할 때 공식적인 자리를 빼고는 그다지 격식을 차리지 않아. 주로 가까운 친지나 이웃을 불러 파티를 열거든. 그래서 손님을 맞이할 때도 "스스럼없이 편하게 지내세요(Make yourself at home)"라는 말을 자주해.

　이 말은 간단한 먹을거리가 준비되어 있으니 알아서 챙겨 먹으라는 뜻도 담겨 있지. 또 초대 받은 손님들이 각자 음식을 조금씩 가져와 서로 나눠 먹으면서 파티를 즐기기도 해.

　중학교나 고등학교에서는 여러 차례 무도회를 열어. 특히 프롬(prom)은 일종의 졸업무도회인데 미국의 고등학생들이 손꼽아 기다리는 파티의 꽃이라고 할 수 있어. 이날은 학교를 위해 열심히 활동한 남녀 학생을 프롬 킹(Prom King)과 프롬 퀸(Prom Queen)으로 뽑아 축하해 준단다.

미국 사람들의 **예의범절**

영어 공부를 하면서 느꼈겠지만 영어에는 존댓말이 없어. 보통 아빠(dad), 엄마(mom), 할아버지(grandpa), 할머니(grandma)를 빼고, 동생이나 형 그리고 친척 아주머니나 아저씨에게는 그냥 이름을 부르지.

학교나 직장에서도 나이에 상관없이 이름을 불러. 호칭이 다양한 우리나라와는 꽤 다르지?

미국 사람들은 누구나 다 평등하다는 생각을 가지고 있어서 우리나라처럼 형식이나 격식을 따지지 않는 편이야. 그래서 어른 앞에서 다리를 꼬거나 쭉 펴고 앉아 있는 모습을 흔히 볼 수 있어. 우리가 보면 버릇없는 행동이라고 야단칠 만한 일이지만 말이야.

그렇다고 미국 사람들이 예의를 안 지키는 게 아니야. 선생님을 부를 때에는 성에다 미스터(Mr.)나 미시즈(Mrs.) 같은 경칭을 붙이고, 선생님 말씀에 대답할 때는 말끝에 서(Sir)나 맴(Ma'am)을 붙여서 존경을 표하기도 해.

공적인 관계이거나 잘 모르는 사람에게는 성이나 직책 앞에 경칭을 붙여. 남성에게는 미스터, 결혼한 여성에게는 미시즈, 결혼을 안 한 여성에게는 미스(Miss)를 붙이지. 하지만 요즘에는 결혼에 관계없이 여자에게 공통적으로 미즈(Ms.) 라는 경칭을 쓰는 추세야.

미국 사람들은 인사를 나눌 때 보통 악수를 해. 서로 껴안거나 볼에 뽀뽀하며 인사하는 것을 영화나 텔레비전에서 봤을 테지만 그건 아주 친한 사이일 때만 하는 거야.

미국 사람과 대화를 나눌 때에는 물어보지 말아야 할 게 있어.

월급이 얼마냐, 집안이 어떠냐, 종교가 뭐냐, 결혼은 했냐, 나이가 몇 살이냐, 병이 있느냐 등에 대해 묻는 것은 실례야.

미국은 개인의 사생활을 중요시해. 그래서 알 권리가 개인의 인격권을 넘어서서는 안 된다고 생각해서 최초로 사생활보호법을 만들었어. 이런 만큼 개인에 대한 질문은 조심해야 하는 거야.

친구와 함께 길을 걷다가 아는 사람을 만나

면 서로에게 소개시켜 줘야 해. 그렇지 않으면 예의가 없다고 생각하거나 자신을 부끄럽게 여겨 소개하지 않는다고 오해할 수 있거든.

미국에는 번잡한 대도시를 제외하고 대부분의 중소 도시나 마을에서 볼 수 있는 공통적인 예절이 있어.

길거리나 공원을 산책할 때 마주치는 사람이 처음 보는 사람이어도 친하게 인사를 해. 보통 헬로(Hello), 하이(Hi), 하우 아 유 두잉(How are you doing) 또는 하우디(Howdy) 등으로 인사말을 건네지. 반가운 듯이 미소를 지으면서 말이야.

길거리나 상점, 좁은 통로에서 다른 사람과 스치듯 지나가도 대부분 "익스큐즈 미(Excuse me)" 하면서 실례한다는 말을 해. 옆에 있는지도 몰랐는데 미안하다는 말을 하고 지나가서 오히려 사과를 받는 사람이 어리둥절할 때가 있단다.

우리나라와 미국의 만남

1866. 제너럴셔먼호

우리나라 뉴스나 신문에 제일 많이 나오는 나라는 미국일 거야. 미국이 세계 강대국이기도 하지만 우리나라와 긴밀한 관계를 맺고 있기 때문이지.

우리나라가 처음 미국과 관계를 맺은 것은 19세기 후반이야. 미국은 산업 발전으로 한창 성장을 하고 있었고, 우리나라는 조선 시대 말기 고종과 대원군이 있던 시절이었지.

미국과의 첫 만남은 좋지 않았어. 1866년 7월 미국의 제너럴셔먼호가 평양에서 우리나라 관리를 붙잡아 가두고는 강제로 무역을 요구했어. 우리나라도 미국에 맞서 제너럴셔먼호를 공격했고, 배에 탄 사람들은 불에 타거나 물에 빠져 죽었지.

이 사건을 계기로 미국은 1871년 군함을 이끌고 조선에 쳐들어와 신미양요(辛未洋擾)를 일으켰어. 미국은 청나라와 무역을 하기 위해서

는 조선의 항구를 개방해 자국의 배가 지나가도록 해야 한다며 무역을 요구했어.

당시 조선을 다스리던 대원군은 일본, 중국처럼 미국이 조선을 침략할까 봐 나라 문을 굳게 걸어 잠그고 다른 나라와 통상을 금지하는 쇄국정책을 펼쳤어. 그래서 미국과의 무역은 이루어지지 않았지.

대원군에 이어 고종이 나라를 다스리면서 조선은 청나라의 도움을 받아 조금씩 외국에 관심을 갖기 시작했어. 그 결과 1876년 외국과는 처음으로 일본과 강화도조약을 맺었고, 1882년에 미국과 한미수호통상조약을 맺었어.

한미수호통상조약 제1조는 두 나라 중 한쪽이 위험에 처하면 돕는다는 내용이었어. 조선은 미국이 여러 나라의 침략을 막아 줄 것이라 기대했지.

호시탐탐 조선을 노리던 일본은 여러 나라와 조약을 맺고 선진 문물을 받아들이면서 강해졌어. 일본은 조선을 넘보며 청나라, 러시아와 전쟁을 했어. 일본이 침략하자 조선은 미국이 도와주기를 바랐지만 미국은 조선의 기대를 저버렸고 조약도 오래가지 못했어.

미국은 조선 문제에 끼어들기를 피하더니 1905년에 일본과 가쓰라-태프트밀약을 맺었어. 이것은 필리핀을 차지한 미국과 조선을 지배한 일본이 서로의 식민지를 인정한다는 비밀 조약이었어. 결국 한미수호통상조약은 1905년 미국의 일방적인 통보로 깨졌지. 그리고 우리나라가 일본의 지배하에 있는 동안 미국과의 관계도 끊어졌어.

그러나 한미수호통상조약은 조선이 미국의 선진 문화를 만날 수 있는 기회를 주었어. 1884년 기독교를 전파하기 위해 미국 선교사들이 조선에 들어왔어. 하지만 조선에서는 의료와 교육 활동만 허락했기

1885년 최초의 서양식 병원 - 광혜원

1886년 최초의 여성 교육 기관 - 이화학당

때문에 초기 선교사들은 의사나 교사 자격으로 활동했지.

선교사들은 우리나라에서 기독교가 발전할 수 있도록 틀을 다졌고, 지금의 연세대학교와 이화여자대학교 등의 전문 교육 기관을 세웠어.

1885년에는 최초의 서양식 국립병원인 광혜원이 세워지기도 했지. 이렇게 선교사들은 발달한 서양의 의술과 교육을 전파하며 우리나라 문화에 많은 영향을 주었단다.

8·15해방에서 1980년대에 이르기까지

1941년 12월 일본은 진주만을 공격하면서 미국과 전쟁에 돌입했어. 전쟁 막바지에 미국은 원자폭탄을 일본에 떨어뜨렸고 결국 일본은 전쟁에 패했어. 이로써 우리나라는 일본의 식민지에서 벗어나 다시 미국과 만나게 되었어.

1945년 8월 15일 우리나라는 해방을 맞았지만 38선(한반도의 중앙부를 가로지르고 있는 북위 38도선)을 경계로 남한에는 미군이, 북한에는 소련군이 주둔했어. 이후 미군은 대한민국 정부가 생길 때까지 임시로 남한을 맡았지.

처음에는 남북한과 관련이 있는 미국, 소련, 영국, 중국 네 나라가 5년간 남북한을 관리하려고 했어. 하지만 남한 사람들의 반대에 부딪

혔지. 결국 미국은 한반도 문제를 국제연합(UN)에 넘기고 남북한 총선거를 거쳐 정부를 세우자고 했어. 그러자 이번에는 북한과 소련이 반대하는 바람에 국제연합에서는 남한만 선거를 치르게 했지. 그 결과 1948년 대한민국 정부가 수립되었단다.

북한에서도 김일성이 조선민주주의인민공화국 정부를 세우면서 한반도에는 북한의 공산주의 정부와 남한의 민주주의 정부가 생겨났어.

남과 북에 정부가 생기자 북한에 있던 소련군과 남한에 있던 미군은 군대를 철수했지.

이것은 김일성이 남북한을 공산주의 국가로 통일하려는 야욕을 품는 계기가 되었어. 마침내 1950년 6월 25일 새벽에 김일성은 남한에 군사 공격을 했어. 피비린내 나는 동족 간의 전쟁, 6·25라 불리는 한국전쟁이 터진 거지.

한편 소련과 대립하고 있던 미국은 소련의 공산주의 확산을 막기 위해 국제연합군으로

이승만 맥아더

인천에 상륙하는 국제연합군

한국전쟁에 참전했어.

전쟁 초기에는 북한군에 밀려 한국군과 국제연합군이 낙동강까지 밀려났어. 그러다가 맥아더 장군의 인천상륙작전으로 압록강까지 치고 올라갔지. 하지만 중국이 북한을 도우면서 전쟁은 다시 38선 주변에서 밀고 밀리는 팽팽한 상태가 되었어.

3년 동안 벌어졌던 6·25전쟁은 38선을 경계로 휴전하며 막을 내리고 말았단다.

6·25전쟁을 치르며 우리나라와 미국은 가까워졌어. 1953년 10월에 맺고, 1954년 11월에 시행한 한미상호방위조약이 대표적인 예라고 할 수 있지.

이 조약은 우리나라에 전쟁이 생기면 미국은 국제연합의 동의를 거치지 않고 바로 참전할 수 있다는 내용이야. 그래서 미군은 오늘날까지 우리나라에 계속 머물고 있는 거란다.

6·25전쟁에서 미국이 남한을 돕고, 한미상호방위조약을 맺으면서 우리는 미국을 가리켜 혈맹, 즉 피로 맺어진 동맹국이라고 부르기 시작했어.

　미국은 전쟁으로 황폐하고 가난한 우리나라에 밀가루, 설탕, 분유 등의 식량과 군사 무기들을 지원했어.

　이승만 정부는 미국이 보낸 물자를 혹시 모를 북한의 침략에 대비해 군사용으로 가장 많이 사용하거나 모아 두었어. 그래서 군인 세력

은 커져 갔지.

1961년 박정희가 군사 쿠데타(무력으로 정권을 빼앗는 일)를 일으키고 대통령이 되어 활동한 1970년대 초까지 우리나라는 미국과 좋은 관계를 맺었어.

하지만 1971년 리처드 닉슨 대통령(제37대 대통령)이 "아시아의 방위는 아시아인의 힘으로 한다"라고 선언하면서 한국에 있는 미군의 일부를 철수시켰어. 그러자 박정희 대통령은 미국에서 벗어나 스스로 나라를 지킨다는 자주국방을 내세우며 미사일을 개발하고 핵무기를 만들려고 했어. 나아가 민주주의에 어긋나는 독재 정치를 펼치기도 했지.

이것은 1977년에 대통령이 된 지미 카터(제39대 대통령)의 인권 외교와는 반대되는 행동이었어. 미국과 우리나라는 두 정상의 입장 차이가 달라서 서로 마찰을 빚었어. 그러던 중 1979년 박정희 대통령이 사망하는 사건이 벌어지고 우리나라는 혼란스러운 상황에서 1980년대를 맞이하게 되었단다.

미국을 싫어하게 된 사람들

1980년대 한국과 미국은 과거와 다른 모습을 보였어.

동맹국이었던 미국에 대한 비판적인 생각이 들기 시작한 거야. 이른바 반미 감정이 생기면서 미국과 동등한 관계를 맺어야 한다는 목소리가 높아졌지.

미국에 대한 사람들의 생각이 바뀌기 시작한 것은 1980년에 일어난 광주 민주화운동에서부터야.

당시 보안사령관이었던 전두환을 앞세운 군사 정권은 민주화운동을 진압하는 과정에서 한국군을 동원했는데, 그 당시 한국군의 작전권은 미국에게 있었어.

사람들은 미국의 동의하에 한국군이 광주로 이동해서 억울한 시민들을 죽인 거라고

민주화운동을 하는 광주 시민들

생각했지.

또 군사력을 동원해 대통령이 된 전두환 정권의 독재에 맞서 우리 사회를 민주화해야 한다는 국민들의 목소리가 나오기 시작했어. 그러면서 대학생을 중심으로 모두가 평등해야 한다는 사회주의를 지향하는 움직임이 일어났지. 이런 분위기 속에서 개인의 이득을 우선시하는 미국의 자본주의는 당시 대학생들의 이상과 맞지 않았어.

이후 미국은 자기 나라의 이익 추구와 오만함으로 우리나라 국민들에게 비난을 받기도 했어. 2002년 미군의 장갑차에 치여 두 여중생이 목숨을 잃었는데도 불구하고 처음에는 자신들의 잘못을 인정하지 않았던 '효순이와 미선이 사건'처럼 말이야.

미국이 우리나라에 무역 압력을 가했을 때도 비난을 받았어. 수출로 먹고 살았던 우리에게 주요 수출국이었던 미국은 우리나라 경제에 도움이 되었지. 점차 우리나라 경제가 성장하자 미국은 시장을 개방하라며 압박했어. 한마디로 미국이 우리나라 물건을 팔아 주니까 한국도 미국 물건을 사 달라는 것이었지.

우리나라는 2010년 미국과 추가로 한미자유무역협정(한미FTA)을 맺었어. 미국산 쇠고기 수입 반대, 쌀 시장 개방 반대로 촛불 집회가 끊

미국에 대한 시위

사람들은 한미자유무역협정과 미국산 쇠고기 수입 강요, 효순이와 미선이 사건처럼 미국이 자국의 이익 중심이거나 그릇된 행동을 보이면 시위를 통해 항의하기도 했다.

이지 않았던 일이라 여러분도 아마 알 거야. 한미자유무역협정이 앞으로 미국과 우리나라에 어떤 영향을 미칠지 지켜보면 좋을 것 같아.

오늘날까지 이어진 북한 핵 문제

김정일

반미 감정과 더불어 북한 핵 문제는 우리나라와 미국을 긴장하게 만들었어. 1993년 미국의 빌 클린턴 대통령(제42대 대통령) 시절에 북한은 핵확산금지조약에서 탈퇴하면서 세계의 주목을 받았어.

이 조약은 세계의 모든 국가들이 더 이상 핵무기를 개발하지 말자는 약속이야. 그런데 북한이 핵확산금지조약에서 탈퇴했으니 미국은 북한이 핵무기를 개발하지 않을까 주시했지. 최악의 경우를 대비해 북한에 대한 군사 공격 계획도 세웠어.

다행히 미국의 전직 대통령이었던 지미 카터가 북한을 방문해 김일성과 대화를 하면서 팽팽했던 미국과 북한의 관계를 진정시켰지.

클린턴 행정부 시절 다소 원만했던 미국과 북한의 관계는 2001년 조지 워커 부시(제43대 대통령) 행정부 때에 다시 긴장 상태로 접어들었어. 북한이 핵무기를 개발하려는 낌새를 보이자 부시 대통령이 북한을 '악의 축'이라고 비난했거든.

2003년부터는 북한의 핵무기 개발 문제를 외교적으로 해결하기 위해 북한과 관계가 있는 6개국(한국, 북한, 미국, 중국, 일본, 러시아)이 모여 6자회담을 열었어. 6자회담은 2003년 8월에 시작된 이래 지금까지 뚜렷한 성과를 이루지 못했어. 그런 가운데 북한은 2006년에 핵 실험을 단행했단다.

2007년 남북정상회담 때 악수를 나누는 노무현 대통령과 김정일 국방위원장

이에 부시 대통령은 북한 핵 실험을 '도발적 행위'라고 비난했고, 일본을 비롯한 20여 개 나라는 북한과 무역을 중단하기도 했지.

부시 대통령이 강한 비판을 하면서 북한을 압박했던 것과 달리 우리나라는 1998년에 취임한 김대중 대통령이 화해와 포용으로 남북한의 교류와 협력을 증대한다는 햇볕정책을 펼쳤어. 뒤를 이은 노무현 대통령도 평화를 유지하면서 북한의 김정일을 만나 대화하고 이산가

한미정상 기자회견을 하는 이명박 대통령과 오바마 대통령

족 상봉 등을 추진했어.

2008년 한국에는 이명박 정부가 들어서고, 2009년 미국에는 오바마 대통령이 취임하면서 한국과 미국의 관계는 친밀한 관계를 유지했다는 평을 듣기도 했어. 이명박 대통령은 한미자유무역 협정을 둘러싼 쇠고기 수입과 관련된 광우병 파동으로 촛불 시위를 겪기도 했지만, 한미자유무역 협정을 통과시켰단다.

이렇듯 북한 문제를 비롯한 여러 가지 일로 우리나라와 미국은 대표가 바뀔 때마다 변화를 보이며 관계를 맺고 있어.

2012년 말 우리나라는 대통령 선거를 통해 박근혜 후보가 당선되어 우리나라 첫 번째 여성 대통령 시대를 맞이했고, 미국은 오바마 대통령이 재선에 성공했어. 한국과 미국의 대표가 두 나라의 미래를 어떻게 이끌어 나갈지 궁금하지 않니?

미국에 사는 한국계 미국인

여러분은 한 번쯤 '부모님이 미국에 살았다면 어땠을까?'라는 상상을 했을지도 몰라. 만약 그 상상이 현실이 되었다면 여러분은 150만 명의 재미 교포 중에 한 명이 되었겠지.

사탕수수 농장에서 일하는 한국 노동 이민자

재미 교포는 미국 전체 인구 수의 0.05퍼센트밖에 안 되지만 아시아계 미국인 중에서는 다섯 번째로 그 수가 많아.

우리나라 사람들은 언제부터 미국에 건너가 살았을까?

많은 사람들이 우리나라가 해방된 뒤부터라고 생각하지만 그보다 앞선 1903년 하와이 노동 이민에서 시작되었어. 앞에서 본 1882년 한미수호통상조약에서 비롯된 거지. 이 조약에는 한국과 미국 국민이 자유롭게 여행하고 경제 활동을 할 수 있도록 서로의 나라에 머물 수

사진결혼을 하려는 여성들의 사진

있다는 내용이 있거든.

미국은 하와이의 사탕수수 농장에서 일할 사람들이 필요하자 대한제국 정부와 이민 계약을 맺었어. 따라서 하와이 이민은 우리나라 정부가 인정한 최초의 합법적인 해외 진출이라고 할 수 있지.

1903년 최초로 하와이에 도착한 한국인 93명을 시작으로 을사조약으로 일본에 나라를 빼앗긴 1905년까지 하와이로 간 노동 이민자는 모두 7,000여 명이야.

사탕수수 농장에서 일하는 이민자들은 단체 생활을 하며 하루에 열 시간에서 열두 시간씩 일을 했어. 죽도록 일하고 번 돈이 한 달에 남자는 18달러, 여자는 16달러로 백인 노동자가 받는 돈의 10분의 1밖에 되지 않았지.

또 이민자의 90퍼센트가 남자였는데 사탕수수 농장주들은 일손을 늘릴 겸 이민 노동자들에게 '사진결혼'을 시켰어.

노동자의 사진과 한국 여성의 사진을 서로에게 보여 주고, 결혼을 약속한 여성은 이민 노동자의 부인 자격으로 하와이에 건너갔어. 사진결혼으로 하와이에 간 여성은 약 1,000명 정도래.

하와이 이민 이후 6·25전쟁까지 미국 이민은 중단되었어. 우리나라가 일본의 지배를 받기도 했지만, 1924년 미국이 동양인 이민을 제한하려는 이민법을 발표했거든. 하지만 우리나라는 6·25전쟁이라는 특수한 환경 속에서 새로운 한인 이민이 생겨났어.

한국전쟁으로 부모를 잃고 미국으로 입양된 아이들, 정부에서 선발되거나 미국 기관에서 장학금을 받게 된 소수 유학생, 그리고 미군과 결혼한 여성들이었지.

한국전쟁에 참전한 미군이 전쟁이 끝난 뒤에도 우리나라에 주둔하게 되자 1950년대에는 미군과 국제결혼을 한 한국 여성이 많아졌어.

미국 정부도 군인신부법을 만들어 미군과 결혼한 아시아계 여성이 미국 시민권을 얻을 수 있게 해 주었지. 이로써 1958년까지

코리아타운 표지판을 거는 한인 이민자

미국에 살게 된 한국 여성은 약 5만 명에 달했대.

　미국에 대거 이민을 가게 된 것은 1965년 이민법이 바뀌면서부터야. 이 법에는 미국이 한 나라에서 2만 명의 이민자를 받아들인다는 내용이 있어. 이때부터 이민 열풍이 불어 많은 사람들이 초청 이민이나 취업 이민을 통해 미국에서 살기 시작했어.

이민자들의 출입국을 맡고 있는 이민국 사무소

　미국에 살고 있는 한국계 미국인들은 짧은 이민 역사에도 불구하고 다른 나라 출신들보다 성공했다는 평가를 받고 있어. 한국인 특유의 근면함과 높은 교육열이 한몫을 한 셈이지.

　고인이 된 비디오 아트의 거장 백남준, 미국 여자 프로골퍼 미셸 위를 비롯한 많은 한국계 미국인이 예술, 스포츠, 사업, 정치 등 다양한 분야에서 한국인의 힘을 보여 주고 있단다.

영어 열풍과 미국 유학

미국은 우리나라 아이들이 가장 많이 유학 가는 나라야. 그래서일까, 2008년까지 한국이 미국 유학생 중에서 가장 많은 수를 차지했었어. 최근에는 빠르게 성장하고 있는 중국이 1위를 차지하고 있지.

초·중·고등학교 학생들이 식구들과 헤어져 조기 유학을 떠나는 것은 영어 때문이야.

우리나라에 영어 열풍이 분 것은 20세기 말에 세계가 지구촌화되면서 영어가 단순히 외국어에 머물지 않고 국제 공용어로써 힘을 발휘하기 시작하면서부터지.

열심히 영어 공부를 해도 외국인을 만나면 말 한마디 못한다는 반성이 일었어. 그러면서 어릴 적부터 영어를 해야 영어와 친해져서 말도 잘한다는 인식이 생겼어. 이런 배경들은 '영어만 잘하면 된다' 라는 생각을 들끓게 하면서 유학 열풍을 불러일으켰지.

조기 유학을 가려면 "영어의 고장인 미국, 생활과 교육 환경이 좋은 미국으로 가야지" 하면서 사람들은 미국 유학을 선호했어.

하지만 조기 유학의 부작용도 만만치 않아. 조기 유학을 가는 아이들은 대개 엄마와 함께 가거나 혼자 가서 미국의 가정에서 생활하는 홈스테이를 해. 어린 시절부터 가족과 떨어져서 사는 아이들은 외로움을 느끼며 정서가 불안해지지.

유학박람회를 찾은 사람들

한국에 남아서 교육비와 생활비를 보내는 기러기 아빠도 가족에 대한 그리움과 경제적인 어려움을 겪어. 자녀들의 영어 교육 때문에 경제적, 심리적으로 괴로워하다가 자살하는 기러기 아빠의 안타까운 소식은 한국 교육과 영어 열풍이 불러온 문제점이기도 해.

유학만 가면 정말 영어를 잘하게 될까? 영어를 배우는 여러분들의 생각은 어때?

5장
현재 미국은 어떤 모습일까?

세계 영화의 중심지 **할리우드**

우리나라의 대중문화는 한류라는 이름으로 일본과 중국을 비롯해 점차 중동과 남아메리카로 퍼져 나가고 있어. 하지만 대중문화에 관해서는 미국이 전 세계에 가장 큰 영향을 끼치고 있지.

미국 문화 하면 마이클 잭슨, 비욘세, 브리트니 스피어스 같은 팝 가수, 〈아바타〉, 〈지 아이 조〉, 〈트랜스포머〉, 〈배트맨〉 같은 할리우드 영화, 〈CSI〉, 〈프리즌 브레이크〉, 〈히어로즈〉 같은 미국 드라마를 쉽게 떠올릴 거야.

미국의 대중문화를 이끄는 것은 뭐니 뭐니 해도 할리우드 영화와 텔레비전이야.

로스앤젤레스에 있는 할리우드는 기후가 따뜻하고 건조해서 1년 내내 야외에서 영화를 찍을 수 있어. 그런 이유로 1910년부터 동부에 있던 영화사들이 이곳을 찾아오면서 영

미국의 대중문화를 이끄는 할리우드

화 산업의 본거지가 되었지.

　할리우드는 MGM, 파라마운트, 워너브라더스, 콜럼비아 픽처스, 20세기 폭스 같은 대형 영화사뿐 아니라 CBS, NBC, ABC 등 전국으로 방송망을 갖춘 방송국이 들어서면서 영화나 텔레비전 방송의 중심지로 자리 잡았어.

　세계 영화 시장의 85퍼센트를 차지하는 할리우드 영화의 힘은 대단해. 엄청난 제작비를 들인 블록버스터 영화는 웅장하고 놀라운 장면들로 엄청난 흥행 수익을 올리지.

　〈아바타〉는 2010년 3월까지 전 세계에서 25억 5,000만 달러를 벌어들여 미국 영화 사상 최고 흥행 기록을 세웠어. 이것은 우리나라 중형

차를 10만 대 이상 팔아야 벌 수 있는 돈이라니 영화 한 편의 위력이 대단하지?

　할리우드 영화의 수출은 또 다른 상품의 수출을 불러오기도 해. 할리우드 스타가 영화 속에서 보여 주는 옷과 액세서리, 멋진 자동차들은 세계 관객들에게 유행되고는 하지.

　할리우드에는 매년 7,000만 명 이상의 관광객이 찾는 유니버설스튜디오가 있어. 유니버설스튜디오는 세계 최대의 촬영 스튜디오로 영

화 〈미이라〉, 〈주라기 공원〉, 〈킹콩〉, 〈조스〉, 〈백 투 더 퓨쳐〉 등의 세트장이 있고, 특수 촬영 장면, 스턴트 쇼를 구경할 수 있어.

놀이공원 같은 테마파크도 있어서 영화와 관련된 놀이 기구를 탈 수도 있지.

유니버설스튜디오는 미국의 할리우드 말고도 플로리다의 올랜도와 일본 오사카, 그리고 싱가포르에도 있어.

세계 최대 크기를 자랑하는 할리우드 유니버설스튜디오

영화와 관련된 명소가 또 있는데 바로 할리우드 배우들의 손도장이나 발도장 그리고 서명과 짤막한 글을 길거리 바닥에 새겨 놓은 명예의 거리야.

이 거리를 거닐면서 자기가 아는 배우들의 이름을 찾아보고 손바닥을 대 보는 것도 즐거운 일이지. 여러분이 잘 알고 있는 〈해리포터〉 주인공들의 이름도 찾아볼 수 있단다.

미국을 알 수 있는 **화폐**

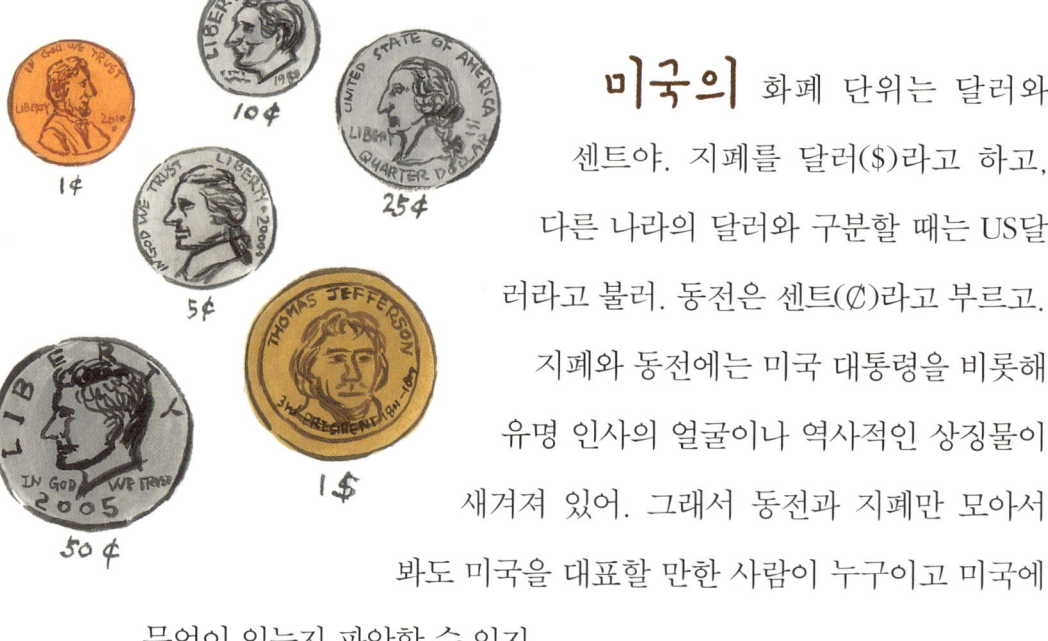

미국의 화폐 단위는 달러와 센트야. 지폐를 달러($)라고 하고, 다른 나라의 달러와 구분할 때는 US달러라고 불러. 동전은 센트(¢)라고 부르고. 지폐와 동전에는 미국 대통령을 비롯해 유명 인사의 얼굴이나 역사적인 상징물이 새겨져 있어. 그래서 동전과 지폐만 모아서 봐도 미국을 대표할 만한 사람이 누구이고 미국에 무엇이 있는지 파악할 수 있지.

미국 화폐 중에서 가장 흔하게 쓰이는 동전은 1센트와 25센트야. 물건을 살 때 내는 세금에 1센트가 많이 쓰이고, 일상 생활에서 쓰는 공중전화, 공동 세탁기, 자판기 등에는 25센트를 쓰기 때문이지.

지폐는 서비스를 받으면 팁으로 주는 1달러를 많이 써. 2달러는 잘

미국의 지폐와 동전

동전(¢)	이름	앞면	뒷면
1센트	페니	에이브러햄 링컨(제16대 대통령)	링컨 기념관
5센트	니켈	토머스 제퍼슨(제3대 대통령)	몬티첼로 건축물
10센트	다임	프랭클린 루스벨트(제32대 대통령)	자유의 횃불
25센트	쿼터	조지 워싱턴(초대 대통령)	국립공원들
50센트	하프달러	존 F. 케네디(제35대 대통령)	독수리
1달러	달러코인	역대 대통령들	자유의 여신상

지폐($)	앞면	뒷면
1달러	조지 워싱턴(초대 대통령)	미국의 대문장
2달러	토머스 제퍼슨(제3대 대통령)	독립선언서 제출 장면
5달러	에이브러햄 링컨(제16대 대통령)	링컨 기념관
10달러	알렉산더 해밀턴(초대 재무장관)	미국 재무부 건물
20달러	앤드루 잭슨(제7대 대통령)	백악관
50달러	율리시즈 S. 그랜트(제18대 대통령)	국회의사당
100달러	벤저민 프랭클린(과학자, 정치가)	독립기념관

쓰이지 않아 보기 힘든데, 행운을 가져다 준다고 해서 사람들이 가까운 사람에게 선물하거나 자기 지갑에 넣고 다니기도 한단다.

세계 1위의 **군사력**

미국의 군사력은 세계 1위야. 단순히 군인 수가 아니라 각종 무기를 포함해 종합적으로 평가한 것이지.

2010년에는 7,000억 달러의 군사비가 정해졌는데, 이 군사비는 2위부터 14위를 차지한 나라들의 군사비를 합친 것과 같다니 세계 최고라는 말밖에 안 나와.

군사비는 군인들을 훈련시키는 데 쓰기도 하지만, 그보다는 무기 개발에 투자되지 않을까 싶어. 어마한 위력의 무기들을 가지고 있는 걸 보면 말이야.

미국이 가진 막강한 군사력을 한번 볼까?

해군은 바닷속에서 핵미사일을 발사할 수 있는 핵잠수함을 갖고 있어. 핵추진 항공모함은 80여 대의 전투기와 항공기를 실을 수 있고 5,000명 이상의 군인을 태울 수 있다고 하니, 가히 바다에 떠다니는 요새라고 불릴 만해.

　공군은 가상 공중전에서 241대의 상대편 전투기를 적중시켜 떨어뜨리는 무적의 전투기 F-22랩터를 가지고 있어.

　육군은 10개 사단을 중심으로 55만 명의 군인들이 활약하고 있지.

　그 밖에 미국의 강력한 무기라고 하면 대량으로 보유하고 있는 핵무기일 거야. 지하 저장고에서 발사해 수만 킬로미터를 날아갈 수 있는 미사일이 500기(유도탄 따위를 세는 단위) 이상, 잠수함 발사 미사일도 340기 이상이니 마음만 먹으면 언제든 핵폭탄을 날릴 수 있는 거지. 하지만 지구 멸망을 바라지 않는 이상 절대로 그런 일이 일어나지는 않을 거야.

미국의 군사는 다른 나라에 얼마나 퍼져 있을까?

미국은 전쟁이 일어났던 지역에 계속 군대를 배치해 왔는데 지금까지 39개 국가에 퍼져 있어. 한국전쟁 이후 남한에 미군이 주둔하고 있는 것처럼 말이야.

미국이 사담 후세인을 몰아내기 위해 전쟁을 벌인 이라크에는 14만 2,000명에 달하는 미군이 주둔하기도 했어. 독일에 5만 6,000명, 일본에 3만 3,000명, 한국에 2만 8,000명이 있는 것과 비교하면 이례적으로 많은 수이지. 2011년 12월에는 이라크 군대와 경찰에 치안을 맡기고 완전히 철수했단다.

세계 **최대 강국**인 미국

미국이 세계 최대 경제 대국이라는 것을 의심할 사람은 없을 거야. 2011년 미국의 국내총생산(GDP)만 봐도 15조 달러가 넘는데, 이것은 세계 두 번째로 경제 규모가 큰 중국에 비해서 두 배, 우리나라의 열다섯 배가 넘는 금액이야.

건국한 지 220여 년밖에 안 된 국가가 어떻게 세계 최대 경제 대국이 될 수 있었을까?

여러 요인이 있겠지만 그중 첫 번째로는 드넓은 땅의 풍부한 천연자원이야. 미국에는 산업 발전에 큰 기여를 한 석탄, 석유, 철광석 등의 광물 자원과 목재 등이 많아.

두 번째로 끝도 없이 펼쳐진 기름진 농토야. 이곳에서 생산되는 밀, 옥수수, 감자, 호밀 등은 미국 사람들을 먹여 살리고도 남을 만큼 넉넉해. 그래서 다른 나라로 수출을 많이 하지. 더 놀라운 것은 미국 인구 중에서 농민은 2퍼센트뿐이라는 거야. 농사일의 대부분을 발달된 농업 기술과 기계가 뒷받침하고 있는 거지.

세 번째는 하나로 통합되어 있는 시장이야. 건국 초기부터 미국은 생산지와 시장을 긴밀하게 연결시켜 시장을 활성화하는 데 노력했어. 내륙의 하천과 호수를 이어 주는 운하를 만들고, 철도를 놓고, 자동차를 보급하면서 운송이 빨라졌지. 요즘은 비행기로 전국적인 운송을 몇 시간 내에 하기도 해.

네 번째로 미국인 특유의 기업가 정신을 들 수 있어. 유럽의 경우 상류층이 돈 버는 일에 매달리면 그 사람을 천하게 여겼지만, 미국은 신분에 관계없이 근검절약과 창의력, 기술력 등을 바탕으로 큰 부자가 된 사람들이 많았고, 사람들도 그들을 존경했지. 그렇게 미국은 19세기 산업화가 진행되는 과정에서 백만장자가 된 산업계의 거물이 많았어.

마지막으로 연구와 개발에 쏟은 아낌없는 투자도 한몫했어. 전구를 발명한 에디슨, 전화기를 발명한 벨, 비행기를 만든 라이트 형제 등 미국 초창기 발명가들로부터 시작해서, 20세기에는 기업이나 정부가 연구소를 세워 집중적으로 투자했지. 그래서 미국항공우주국(NASA) 같은 우수한 기관이 있는 거야.

그 밖에 높은 교육 수준과 끊임없는 이민자의 수용, 영화 등 새로운 산업 분야의 발전, 안정적인 정치들이 다양하게 작용해서 미국 경제에 활력을 불어넣었어.

이렇게 해서 미국 경제가 오늘날 세계 1위를 차지할 수 있게 된 거야.

그렇다면 앞으로 미국 경제는 어떻게 될까?

현재 미국의 노동 인구는 1억 5,000만 명인데 증가하는 출산율을 보면 노동력은 계속 늘어날 거야. 덩달아 경제 활동을 할 사람이 많아져서 경제적으로도 미래가 밝겠지.

우리나라처럼 고령 인구가 늘고 출산율은 떨어져서 노동이 가능한 인구가 줄어드는 것과는 다르게 말이야.

하지만 미국도 2008년 지나친 부동산 담보대출로 일부 금융 회사가 문을 닫으면서 경제 위기가 닥쳐와 수많은 사람들이 일자리를 잃었어. 1930년대에 있었던 대공황에 비교되는 큰 위기라고 할 수 있어.

더욱이 미국의 영향력이 크다 보니 미국의 경제 위기는 전 세계의 경제 위기로 번지기도 하지. 그래서 주요 재무 장관이나 총재들이 모여서 금융이나 경제에 대해서 회담하는 G20(Group of 20)이 금융 위기를 계기로 2008년부터 정상급 회의로 격상되기도 했어.

미국 아이들의 **학교생활**

초등학생들이 타는 노란색 스쿨버스

우리나라와 마찬가지로 미국도 유치원과 초·중·고등학교가 있어.

우리나라 유치원은 의무 교육이 아니지만 미국은 한국의 유치원 과정과 같은 킨더가튼에서 의무적으로 교육을 받아.

미국은 주마다 초·중·고등학교의 수료 기간이 달라. 어떤 주는 초등학교 5년, 중학교 3년, 고등학교 4년을 받고, 또 어떤 주는 각 4년씩의 초·중·고등학교 교육을 받기도 하지. 그렇지만 모든 주가 총 12년의 학교 교육을 받는다는 공통점이 있어.

미국의 학교도 공립과 사립이 있는데 학생 중 85퍼센트는 공립 학교에 다녀. 주민들이 낸 세금으로 주 정부에서 교육비를 지원해 주거든. 반면 10퍼센트가량의 학생들은 돈을 내며 사립 학교에 다녀. 종교적 목적이나 명문 대학을 가기 위해서 세워진 사립 학교지.

　나머지 5퍼센트는 학교를 다니지 않고 집에서 공부하는 홈스쿨링 제도를 이용해. 홈스쿨링 등록을 하면 주 정부가 주관하는 시험을 빠짐없이 봐야 하는 등 만만치 않은 과정을 마쳐야 하고, 부모님이나 가정 교사가 가르쳐야 하니 더 힘들 수도 있어.

　그럼에도 홈스쿨링을 선택하는 이유는 종교적 이유와 부모님이 생각하는 도덕관과 다른 것을 자녀가 학교에서 배우는 게 싫어서야. 또 학교에서 폭력, 마약, 범죄에 물드는 것보다 집이 안전하다고 생각하기 때문이지.

　미국 학생들은 다양한 활동을 하며 하루를 보내. 학원에서 시간을 보내는 우리나라 학생들과 달리 스포츠, 예술, 봉사 활동 등을 하지. 이런 활동은 학교 성적, 그리고 기본적으로 써야 하는 에세이(자유로운 소재로 글을 쓰는 것)와 더불어 좋은 대학을 가는 데 필요하거든.

　중·고등학교 때부터는 본인이 원하는 과목을 선택할 수 있어. 그렇지만 영어, 수학, 과학, 사회, 제2외국어 5개 과목은 기본으로 들어야 해. 그 밖에 방송, 드라마, 패션 디자인, 드로잉, 체육, 악기, 합창 등 여러 과목을 선택해서 배우며 자신의 재능을 발견하고 진로도 발전시

키지. 수업은 과목이 다양해서 수업에 따라 학생들이 교실을 옮겨 다니며 듣는 이동 수업을 해.

또 보통반, 우수반, 최우수반으로 수준별 수업을 하는 학교도 있어. 특이한 것은 성적에 따라 반이 정해지는 게 아니라 본인이 어떤 반을 들을 것인지 선택한다는 거야. 선생님의 추천이 필요한 과정도 있지만 대부분은 본인이 선택하고 결정한다는 게 미국 교육의 장점이야.

자유롭게 대화하는 교실 풍경

아이들에게 자율성을 주는 장점은 있지만 본인이 잘 해내지 못하면 낙제와 함께 졸업을 못할 수도 있는 책임이 뒤따르지. 그래서 미국 학생들은 크게 욕심 부리지 않고 본인에게 맞는 수준을 스스로 선택해서 공부해.

미국에는 특이한 교육 과정이 있어. 고등학생이 대학 진학 전에 대학 수업을 미리 들으며 대학 학점과 고등학교 학점을 동시에 받을 수 있는 AP(Advanced Placement)클래스 수업이야.

수업 수준도 높고 과제도 만만치 않아서 AP클래스 과목을 들으며 각종 스포츠와 방과 후 활동을 해야 하는 학생들은 한국의 수험생 못지않게 바쁘단다.

마지막으로 미국의 수업 일수와 방학을 살펴볼까?

미국의 학생들은 1년에 175~185일 정도 학교에 다녀. 초등학생이 205일을 등교하는 우리나라에 비하면 적은 편이지. 미국에는 주 5일제 수업, 교무 행정으로 인한 휴일, 그리고 긴 방학이 있기 때문이야.

학기는 9월에 시작하고 크리스마스와 새해 휴가로 2주 정도의 짧은 겨울 방학을 보내. 그 뒤 1월에 2학기를 시작해서 6월까지 1년의 과정을 끝내고, 다음 학년이 시작될 때까지 두세 달의 긴 여름 방학을 보내지. 긴 방학은 오래전 농촌의 수확철에 부모님을 도우라는 의미에서 생긴 거래.

오늘날에는 많은 학생들이 방학 동안 부족한 과목을 보충하기도 하고 스포츠, 예술, 봉사 활동을 하거나 여행을 떠나지. 열다섯 살이 넘은 학생들은 휴가철을 맞아 아르바이트를 하기도 한단다.

미국의 유명한 대학교들

미국은 세계적으로 유명한 대학교가 많아. 대표적으로 하버드, 예일, 프린스턴, 컬럼비아, 브라운, 다트머스 등 미국 동부의 명문 사립 대학교들을 일컫는 아이비리그가 있지.

하버드대학교

아이비리그는 초기 식민지 시절부터 생긴 학교들이 스포츠 교류를 하면서 형성됐어. 현재의 아이비리그는 스포츠뿐만 아니라 최고의 엘리트 학생, 우수한 학문, 까다로운 입학 조건으로 전 세계의 인재들이 몰려드는 학교로 그 명성을 누리고 있어.

오랜 전통과 높은 교육 수준을 자랑하는 아이비리그 대학교들은 아름다운 캠퍼스와 튼튼한 재정을 기반으로 좋은 시설과 교육 프로그램에 아낌없는 지원을 하고 있지.

아이비리그 말고도 공립과 사립 대학교가 있어. 명문 대학교들은 대부분 사립이라 등록금이 비싸. 그러나 장학금 제도가 잘 되어 있어서 형편이 어려운 학생도 공부를 잘하면 사립 대학교에 다닐 수가 있어.

대부분의 주립 대학교들은 공립이 많아. 뉴욕주립대학교, 캘리포니아주립대학교 등이 유명하지.

대학교에 들어가기 위해서는 고등학교 전 학년 성적 평균(GPA)과 학과목 석차가 필요하고, 미국대학수학능력시험(SAT)과 미국대학입학시험(ACT)을 봐야 해. SAT는 동부, 서부 쪽 대학교들이 선호하는 데 비해 ACT는 중부 쪽 대학교들이 선호하지. 하지만 요즘에는 두 개 중 어느 성적이든 인정하고 있어.

또한 성적 외에도 자기 소개서, 면접, 특별 활동 경력이 필요해. 특별 활동 경력은 고등학교 때 스포츠, 클럽, 학생회, 사회봉사 등에서 얼마나 열심히 활동했는가를 보여 주는 거야.

미국의 대학교에는 4년제 유니버시티와 칼리지, 2년제 커뮤니티 칼리지와 주니어 칼리지가 있어.

커뮤니티 칼리지는 우리나라의 전문 대학처럼 직업 교육을 위주로 하는 곳도 있지만, 대부분 4년제 대학교로의 편입을 위한 교양 과목을

→ 스탠퍼드대학교

다트머스대학교(왼쪽)
코넬대학교(오른쪽)

매사추세츠공과대학교(위)
예일대학교(오른쪽)

미국의 유명 대학들

미국의 대학교는 장학금 제도가 잘 되어 있고,
전문적인 교육 투자로 유명하다.
미국에서는 50퍼센트의 학생이 대학교에 진학한다.

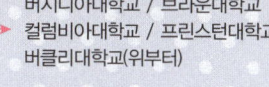

버지니아대학교 / 브라운대학교
컬럼비아대학교 / 프린스턴대학교
버클리대학교(위부터)

가르쳐. 최근에는 미국의 경제 상황이 나빠지면서 많은 고등학교 졸업생들이 커뮤니티 칼리지에서 2년간 학업을 마친 후 4년제 대학교로 편입하기도 해. 수업은 같은데 등록금은 더 싸니까 말이야.

대부분의 주립 대학교에서 커뮤니티 칼리지와 협정을 맺어 이들의 편입을 쉽게 받아 주고 학점을 그대로 인정해 주고 있단다.

미국 사람들의 **성과 이름**

미국 사람들은 프랑스, 독일 등 유럽 나라들처럼 생략하지 않은 완전한 이름인 풀네임(Full name)을 쓰고 있어.

풀네임의 구조는 이름이 들어가는 개인 이름이 있고, 작위 또는 세례 등에 따라오는 미들네임, 우리나라의 성과 같은 가문명으로 이루어져 있어. 관공서, 은행에서 쓰는 공식적인 서류를 빼고는 미들네임을 사용하지 않지. 그래서 사람들이 버락 오바마라고 부르는 거야.

그 밖에도 미국 사람들은 친한 사이거나 어린 아이들에게 본래 이름을 짧게 줄여서 친근한 애칭을 불러. 제임스는 짐이나 지미, 윌리엄

다양한 방법으로 지어진 성과 이름

■ 직업에서 나온 성
  수공업자 — 스미스Smith
  제빵사 — 베이커Baker
  요리사 — 쿡Cook
  목수 — 카펜터Carpenter

■ 개인적 특성에서 나온 성
  브라운Brown, 롱Long
  화이트헤드Whitehead

■ 지리적 특성에서 나온 성
  워싱턴Washington, 런던London
  해밀턴Hamilton

■ 아버지의 이름에서 나온 성
  존의 아들 — 존슨Johnson
  리처드의 아들 — 리처드슨Richardson

■ 어머니의 이름에서 나온 성
  모드Maud의 아들 — 매디슨Madison
  메리Mary의 아들 — 매리엇Marriot

■ 성경에서 나온 이름
  구약성경 — 제임스James
  신약성경 — 토머스Thomas
    피터Peter, 마사Martha

■ 유럽 국가에서 파생한 이름
  총명함을 뜻하는 독일어
  버트Bert — 로버트Robert, 앨버트Albert
  영광을 뜻하는 러시아어
  슬라브Slav — 미로슬라브Miroslav

■ 성격에서 나온 이름
  윌리Wily — 약삭 빠른
  제니아Zenia — 인심 좋은

은 빌이나 빌리, 알렉산더는 알렉스로 부르는 것처럼 말이야.

우리나라는 결혼을 해도 여성이 자신의 성을 그대로 쓰지만 미국은 결혼을 하면 부모님의 성을 버리고 남편의 성을 쓰는 게 보통이야.

축제 같은 미국의 **공휴일**

영어에서 공휴일을 뜻하는 '홀리데이(holiday)'라는 말은 종교와 관련되어 성스러운 날이라는 의미를 담고 있어. 그러나 정작 미국의 공휴일은 대개 종교적인 의미보다는 역사적 사건이나 인물을 기념하는 날이 많아.

미국에서는 공휴일을 정할 수 있는 권한이 각 주에 있어. 엄밀하게 말하면 국가적인 차원의 공휴일은 없다고 할 수 있지. 그래서 정부가 정한 법적 공휴일에는 연방 정부의 공무원들만 쉴 수 있어. 하지만 대부분의 주는 연방 정부에서 정한 공휴일을 지키는 편이어서 정부가 정한 공휴일은 미국 전체의 공휴일이 된단다.

몇몇 공휴일이 몇 월 몇 번째 월요일로 정해

추수감사절 기념 퍼레이드

미국의 공휴일

새해 첫날 New Year's Day 1월 1일

마틴 루터 킹의 날 Martin Luther King, Jr. Day 1월 세 번째 월요일
　(인권 운동가인 마틴 루터 킹 목사의 생일을 기념. 킹 목사의 생일은 1월 15일임.)

대통령의 날 President's Day 2월 세 번째 월요일

현충일 Memorial Day 5월 마지막 주 월요일

독립기념일 Independence Day 7월 4일

노동절 Labor Day 9월 첫 번째 월요일

콜럼버스의 날 Columbus Day 10월 두 번째 월요일
　(콜럼버스가 아메리카 대륙을 발견한 것을 기념하기 위한 날. 실제 날짜는 10월 12일임.)

추수감사절 Thanksgiving Day 11월 네 번째 목요일

크리스마스 Christmas Day 12월 25일

진 것은 주말과 겹쳐서 쉬는 날이 사라지는 것을 대비한 거야.

　마찬가지로 새해 첫날, 독립기념일, 크리스마스처럼 날짜가 정해져 있어도 그날이 일요일이면 돌아오는 월요일을, 토요일이면 전날인 금요일에 쉬어. 이렇게 미국은 공휴일을 확실하게 기념하고 챙기지.

　미국 사람들에게 가장 뜻깊은 날은 독립기념일이야. 1776년 7월 4

일 13개 식민지의 대표들이 「독립선언문」에 서명한 것을 기념하는 독립기념일에는 모든 도시와 마을에서 퍼레이드가 벌어지고 가족들은 공원으로 소풍을 가. 밤에는 갖가지 축하 연주회가 열리고, 폭죽을 쏘아 화려한 불꽃놀이 축제를 벌이며 멋진 밤을 보내기도 하지.

　추수감사절도 미국의 역사와 관련이 깊은 날이야. 추수감사절은 1620년 영국에서 메이플라워호를 타고 아메리카로 건너온 청교도들에게서 유래했어.

새해를 환영하며 종이 조각을 날리는 사람들

추수감사절을 기념하는 퍼레이드

미국의 공휴일

독립기념일, 추수감사절, 크리스마스, 새해가 되면 미국 사람들은 곳곳에서 불꽃놀이를 하거나 퍼레이드를 벌인다.

핼러윈 때 마녀, 해적, 괴물 복장을 한 아이들

크리스마스를 즐기는 퍼레이드

청교도들은 혹독한 겨울을 보내며 절반가량의 사람들이 굶주림과 질병으로 목숨을 잃었어. 다행히 원주민인 인디언의 도움으로 농사짓는 법을 배워서 양식을 마련할 수 있게 되었지.

양식을 주신 신에게 감사드리고 자신들을 도와준 인디언을 초대해 잔치를 벌인 데에서 추수감사절이 시작되었어.

추수감사절 저녁에는 멀리 떨어져 있던 가족이나 친구들이 한자리에 모여서 오븐에 구운 칠면조 요리, 옥수수, 감자, 호박 파이 등을 먹으며 시간을 보내.

추수감사절 음식인 칠면조 요리

오늘날에는 추수감사절부터 크리스마스 때까지(11월 네 번째 목요일~12월 25일) 미국의 모든 상점에서 세일을 시작해. 그래서 많은 미국 사람들이 이날을 기다렸다가 사고 싶은 물건을 구입하지.

공휴일은 아니지만 미국 사람들이 명절처럼 지내는 밸런타인데이(2월 14일, Valentine's Day)와 핼러윈(10월 31일, Halloween)이 있어.

밸런타인데이는 기독교 순교자인 성 발렌티누스를 기념하기 위해 생긴 날인데, 오늘날 미국에서는 카드, 사탕, 꽃 등을 주며 남녀가 사랑을 고백하지. 이상하게도 우리나라에서는 왜 여성이 남성에게 사랑을 고백하고 초콜릿을 주는 날로 바뀌었는지 모르겠어.

밸런타인데이가 젊은 남녀의 날이라면, 핼러윈은 어린이와 청소년의 날이라고 할 수 있어. 어린이들은 해적, 공주, 마녀 등 각양각색으로 변장하고 이웃집 문을 두드려. 그러고는 '과자를 주지 않으면 장난을 치겠다'는 뜻의 '트릭 오어 트릿(Trick or Treat)'을 외치지. 아이들이 찾아오면 어른들은 사탕이나 과자를 미리 준비해 두었다가 아이들이 내미는 자루에 넣어 줘.

핼러윈의 명물 중 하나는 호박등이야. 핼러윈이 다가오면 호박 속을 파내어 유령 모양의 얼굴을 만든 다음 속에다 등불을 켜 놓고 축제 분위기를 높인단다.

풀어야 할 미국의 고민

■ 총기 문제

미국 사람들이 총을 사용하게 된 역사는 미국 건국 시기로 올라가. 연방 정부가 처음 만들어지고 나서 주에 대한 권리를 혹시나 연방 정부가 침해할까 봐 자기 주를 스스로 보호할 수 있도록 총기 소유를 허락했어. 또 미국 사람들은 총으로 하는 사냥을 통해 식량을 마련하거나 스포츠를 즐기기도 했지.

그런데 오늘날 미국은 총기 때문에 골머리를 앓고 있어. 미국에서는 해마다 10만 명 이상이 총에 맞아 죽는다고 해. 2007년에 발생한 버지니아공대 총기 난사 사건은 한국계 미국인이 일으킨 사건이라서 우리나라에서도 화제가 되었지.

총을 가지고 다니는 사람들

개인에게 총기 소유를 허락한 나라가 미국만 있는 것도 아닌데 왜 미국에서만 총기 문제가 심각한 걸까?

그 이유로 많은 사람들이 대중 매체를 지목해. 폭력과 과장이 심한 할리우드 영화와 온라인 게임이 현실 감각을 둔하게 만들고 사람들에게 잘못된 인식을 심어 준다는 거야.

언론을 이유로 들기도 하는데 뉴스에서 총기 사고를 자꾸 보도하다 보니 이웃에 대한 공포심이 커져서 스스로를 보호한다는 구실하에 너도나도 총을 구입한다는 거지.

총기가 심각한 사회 문제로 나타나면서 총기 소유를 반대하는 사람들의 목소리가 높아지고 있지만 법이 쉽게 바뀌지는 않을 것 같아. 미국총기협회(NRA)와 미국의 총기 소유자 단체들이 연방 의회 의원들에게 엄청난 후원을 하면서 총기 사용을 허가하는 법을 지키려 하거든.

■ 집 없는 사람들

미국을 다니다 보면 종이 박스에 '배고파요', '집을 잃었어요'라고 써 놓고 길거리에 나앉은 사람들을 볼 수가 있어. 마트용 카트에 자기 짐을 싣고 다니며 하루하루 먹을 것과 잠잘 곳을 찾는 사람들, 우리나라의 노숙자와 같은 홈리스(homeless)이지.

세계에서 제일 잘사는 나라에도 홈리스가 있다니 의아하지?

미국에 홈리스가 생겨난 이유는 사회 복지 혜택이 줄고 경제가 나빠졌기 때문이야. 더욱이 최근에는 주택담보 대출제도의 부작용으로 은행들이 망하면서 일자리를 잃은 사람들이 홈리스가 되고 있단다.

거리에 나앉은 홈리스

■ **범죄와 마약**

미국은 인구가 많고 복잡한 사회여서 범죄율이 높아.

특히 대도시는 낮에도 거리를 마음 놓고 다닐 수가 없을 정도로 문제가 심각했던 적이 있었어. 한때는 범죄를 일으키는 갱들이 거리를 장악할 때도 있었으니 말이야.

또한 미국에는 마약이 광범위하게 퍼져 있어서 누구나 마약의 위험에 쉽게 노출되지. 실제로 열두 살 이상의 미국 사람들 중 3분의 1이

마약 거부 운동을 하는 시민들

마약을 해 본 적이 있다는 조사 결과가 나오기도 했어.

마약으로 인한 범죄도 매년 늘어나고 있어. 주 교도소 수감자 22퍼센트, 연방 교도소 수감자 56퍼센트가 마약 범죄자들이라고 하니 미국의 마약 문제는 정말 심각하지?

그래서 1969년 리처드 닉슨 대통령 시절부터 마약과의 전쟁을 선포하고 마약단속국을 만들어 유통을 줄이는 데 노력하고 있단다.

■ 테러와의 전쟁

9·11테러로 미국은 국가 안전에 비상등이 켜졌어. 민주주의의 표상인 미국에서 이전보다 범위가 확대된 수색, 압수, 구금하는 법안을 통과한 것만 봐도 심각성을 알 수가 있지.

특히 비행기를 탈 때 검색이 매우 심해졌어. 가방과 금속 제품은 검색대를 통과해야 하고, 폭탄의 재료가 될 만한 화장품, 물병, 술, 스프

레이 등을 가지고 비행기에 탈 수 없어. 또한 입국 심사대의 스캐너에 지문을 찍고 얼굴 사진까지 촬영해야 해. 미국은 테러와의 전쟁을 선포한 뒤 국토안보부라는 부서를 만들기도 했지.

아프가니스탄에 주둔하는 미군

9·11테러에 대한 미국의 보복 공격으로 탈레반 정권과 알 카에다 조직이 거의 붕괴되었어. 하지만 소소한 테러들이 여전히 일어나고 있지.

미국은 언제 터질지 모를 테러에 대비하면서 세계를 문명 세력과 테러 세력으로 나누며 국제 질서를 세우기 시작했어.

미국은 아프가니스탄전쟁을 치를 때 우리나라 군사를 아프가니스탄에 보내 줄 것을 요청했어. 우리나라는 전투 부대가 아닌 아프가니스탄의 안정화와 의료 지원을 위한 자이툰 부대를 보내기도 했단다.

■ 인종 문제

예전에는 미국을 가리켜 '인종의 용광로'라고 불렀어. 다양한 인종과 문화가 녹아들어 미국적인 단일 문화를 만들었다는 의미지.

오늘날에는 '샐러드 볼(salad bowl)'이라고 부르는데, 다양한 문화가 하나로 섞인 것이 아니라 샐러드 접시 안의 과일과 야채처럼 각자 고유한 색을 내고 있다는 뜻이야. 이것은 더 이상 미국이 유럽계 백인 중심의 사회가 아니라는 걸 의미하지.

1960년대까지만 해도 흑인들은 백인에게 인종 차별을 당했어. 하지만 마틴 루터 킹 목사를 비롯한 인권 운동가들의 노력으로 인종 차별이 법으로 금지되었어.

그럼에도 미국은 여전히 보이지 않는 인종 차별로 인해 흑인과 백인 간의 폭력 사태가 일어나기도 해. 1992년 경찰과 주 방위군에 의해 진압된 로스앤젤레스 폭동*처럼 말이야. 로스앤젤레스 폭동은 미국의 인종 문제와 관련해 중요한 걸 시사해.

이 폭동은 흑인뿐 아니라 히스패닉이 함께했기 때문에 다인종적인 것으로 볼 수 있어.

더욱이 백인은 점점 줄어들고 히스패닉, 흑인, 아시아계 사람들은 늘어나고 있어서 인종 간의 갈등은 시한폭탄처럼 언제 터질지 몰라.

로스앤젤레스 폭동 흑인 청년 로드니 킹을 집단 구타한 4명의 백인 경찰관이 무죄 판결을 받았다. 판결에 화가 난 흑인들이 거리로 나와 폭동을 일으킨 사건.

그 가운데 2008년, 흑인인 버락 오바마가 대통령으로 당선되면서 미국 인종 문제에 밝은 등이 켜졌어.

오바마 대통령은 취임 후 히스패닉 여성을 연방 대법관으로 지명함으로써 미국이 피부색이 아니라 능력에 의해 움직이는 나라라는 것을 다시 한 번 세계에 알려 주었단다.

연방 대법관 ― Sotomayor

| 부록 |

한눈에 보는 미국 역사

식민지 시대

1~3만 년 전	몽골계 아시아인이 베링해협을 건너 아메리카 대륙 남쪽으로 이동
1492년	콜럼버스가 아메리카에 상륙
1587년	영국, 버지니아의 로어노크섬에 식민지 건설
1607년	버지니아 주에 최초의 영국인 정착촌인 제임스타운 건설
1620년	청교도인들이 탄 메이플라워호 아메리카 대륙 도착

독립전쟁기

1754~1763년	프랑스-인디언 동맹전쟁
1765년	영국, 식민지인들에게 인지세법을 매김
1770년	영국과의 충돌로 보스턴 학살이 일어남
1774년	제1차 대륙회의
1775년	제2차 대륙회의
1776년	13개 식민지가 모여 독립선언서 채택
1778년	프랑스, 미국 편에 서서 전쟁 개입
1781년	최초의 헌법인 연합헌장 채택
1783년	파리조약 체결로 독립 달성

건국 초기

1787년	필라델피아 제헌회의에서 헌법 제정
1788년	헌법에 대부분의 주가 동의함
1789년	초대 대통령 조지 워싱턴 취임
1801년	토머스 제퍼슨 3대 대통령 취임
1803년	프랑스로부터 루이지애나 지역 매입
1812년	미영전쟁 발발
1825년	이리운하 완공
1828년	앤드루 잭슨 7대 대통령 당선
1830년	원주민 이주법 통과
1833년	미국노예제폐지 협회 창설
1836년	텍사스, 멕시코로부터 독립
1838년	남부에 사는 체로키족을 보호지로 강제 이주함
1845년	미국, 텍사스 획득
1846년	멕시코전쟁 발발
1848년	여성 권리선언 채택

남북전쟁

1860년	에이브러햄 링컨 16대 대통령 당선
1861년	남북전쟁 발발
1863년	링컨 노예해방령 선포, 게티즈버그 전투
1865년	북군의 승리로 남북전쟁 종료
	링컨 대통령 암살
1865년	노예제 공식적으로 폐지

재건 시대

1867년	러시아로부터 알래스카 매입
1868년	흑인들에게 시민권 부여
1869년	대륙횡단철도 건설 완료
1870년	남부연합의 모든 주가 합중국 연방으로 편입
	흑인 남성에게 투표권 부여
1876년	알렉산더 그레이엄 벨 전화기 발명
1879년	토머스 에디슨 전구 발명
1868년	미국노동총연맹 창설
1898년	미국-스페인전쟁 발발
1901년	시어도어 루스벨트 26대 대통령 취임
1905년	일본과 가쓰라-태프트밀약을 맺음
1914년	파나마운하 개통

제1, 2차 세계대전

1913년	우드로 윌슨 28대 대통령 취임
1914년	제1차 세계대전 발발
1917년	미국 참전
1918년	제1차 세계대전 종결
1920년	여성에게 투표권 부여
1929년	월스트리트 주식 시장 붕괴
1930~1940년	세계경제공황으로 경제 침체
1932년	프랭클린 루스벨트 32대 대통령 당선
1933년	프랭클린 루스벨트 대통령 뉴딜정책 시행
1939년	제2차 세계대전 발발
1941년	일본군의 진주만 기습
1945년	해리 S. 트루먼 33대 대통령 취임
	일본에 원자폭탄 투하
1945년	제2차 세계대전 종결

냉전 시대

1945년	국제연합 창설
1950년	한국전쟁 발발
1953년	한국, 북한과 휴전
1961년	존 F. 케네디 35대 대통령 취임
	베트남전쟁 개입
1968년	마틴 루터 킹 목사 암살됨
1969년	리처드 M. 닉슨 37대 대통령 취임
1975년	베트남에서 완전 철수
1977년	지미 카터 39대 대통령 취임
1981년	로널드 레이건 40대 대통령 당선
	냉전이 끝남. 신보수주의 시대를 엶
1989년	소련 붕괴로 냉전 시대 종료

현재

1988년	조지 부시 41대 대통령 당선
1991년	이라크전쟁 개입
1992년	빌 클린턴 42대 대통령 당선
2001년	조지 W. 부시 43대 대통령 취임
	9·11테러 발생
	아프가니스탄 및 이라크전쟁
2008년	서브프라임모기지 사태 발생
2009년	버락 오바마 44대 대통령 취임
2012년	버락 오바마 재선에 당선